平天下

人民日报海外版
『学习小组』编著

2025
农历乙巳年

人民出版社

平天下

2025年·农历乙巳年

前　言

　　中国的古典名句，蕴含丰富的做人、为官、处世哲学。"知古鉴今，以史资政"，对广大民众来说，多读一点历史、文化经典，有助于明事理、辨是非、悟人生；对领导干部来说，先人总结的为官之要、治国之道值得借鉴。

　　这本日历全新整理了近一年来引用率较高的三百余条古典名句，以致敬经典。

　　新一年 365 天里，我们相约，每天学习一条古典名句。相信，潜移默化之中，古人智慧将融入日常生活，提升今人识见。

　　这些年，让我们一起进步，共同担当。

祖國萬歲
九十又五歲白石

一月

2025年·农历乙巳年

昨夜斗回北，今朝岁起东。我
年已强仕，无禄尚忧农。桑野
就耕父，荷锄随牧童。田家占
气候，共说此年丰。

——《田家元旦》【唐】孟浩然

安危不贰其志，险易不革其心。

【典出】唐·魏徵《群书治要·昌言》

【原文】同引用。

【释义】无论所处环境是安全还是危险，都不动摇自己的志向；无论成就事业困难还是容易，都不改变自己的初心。

一

日

农历甲辰年 农历腊月初二

元　旦

2025 年 1 月 1 日　星期三

敖不可长，欲不可从，志不可满，乐不可极。

【典出】先秦《礼记·曲礼上》
【原文】同引用。
【释义】傲慢不可滋长，欲望不可放纵，心志不可以放任自满，享乐之情不可无尽。

二日

农历甲辰年 农历腊月初三

2025 年 1 月 2 日　星期四

爱人者，人恒爱之；敬人者，人恒敬之。

【典出】先秦《孟子·离娄下》

【原文】同引用。

【释义】爱别人的人，别人也永远爱他；尊敬别人的人，别人也永远尊敬他。

三
日

农历甲辰年 农历腊月初四

2025 年 1 月 3 日　星期五

爱人利物之谓仁。

【典出】先秦《庄子·外篇·天地》
【原文】无为为之之谓天，无为言之之谓德，爱人利物之谓仁，不同同之之谓大，行不崖异之谓宽，有万不同之谓富。
【释义】爱天下人、利于万物，叫作仁。

四日

农历甲辰年 农历腊月初五

2025 年 1 月 4 日　星期六

安而不忘危，存而不忘亡，治而不忘乱。

【典出】先秦《周易·系辞下》

【原文】是故君子安而不忘危，存而不忘亡，治而不忘乱，是以身安而国家可保也。

【释义】国家安定的时候要不忘危险，国家存续的时候要不忘败亡，国家大治的时候要不忘变乱，强调当政者要有忧患意识，对可能威胁国家前途命运的危险时刻保持警惕。

小寒

农历甲辰年 农历腊月初六

2025 年 1 月 5 日　星期日

备豫不虞，为国常道。

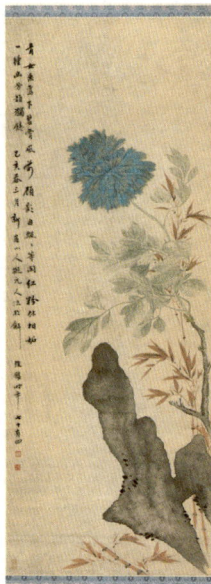

【典出】唐·吴兢《贞观政要·直谏（附）》
【原文】备豫不虞，为国常道。岂可以水未横流，便欲自毁堤防？
【释义】事先防备意外之事，这是治国理政的常用之法。

六

日

农历甲辰年 农历腊月初七

2025 年 1 月 6 日　星期一

一 月

不要人夸好颜色，只留清气满乾坤。

【典出】元·王冕《墨梅图》（自作题画诗）

【原文】我家洗砚池头树，朵朵花开淡墨痕。不要人夸好颜色，只留清气满乾坤。

【释义】墨梅并不以鲜艳的颜色吸引人、讨好人，博得人们的赞美，只愿散发缕缕清香，充溢在天地之间。

七

日

农历甲辰年 农历腊月初八

腊八节

2025 年 1 月 7 日　星期二

不以求备取人，不以己长格物。

【典出】唐·吴兢《贞观政要·任贤》

【原文】不以求备取人，不以己长格物，随能收叙，无隔疏贱。

【释义】不以求全来选取人，不用自己的长处去要求他人。

八日

农历甲辰年 农历腊月初九

2025 年 1 月 8 日　星期三

不迁怒，不贰过。

【典出】先秦《论语·雍也》
【原文】同引用。
【释义】不会迁怒于人，不会犯两次同样的错误。

九
日

农历甲辰年 农历腊月初十

2025 年 1 月 9 日 星期四

不战而屈人之兵，善之善者也。

【典出】先秦·孙武《孙子兵法·谋攻篇》

【原文】是故百战百胜，非善之善者也；不战而屈人之兵，善之善者也。

【释义】通过外交手段或战略威慑，使得对方不战而降，是军事和外交上的最高境界。

十日

农历甲辰年 农历腊月十一

2025 年 1 月 10 日　星期五

不矜细行，终累大德。

【典出】先秦《尚书·周书·旅獒》
【原文】不矜细行，终累大德；为山九仞，功亏一篑。
【释义】不注意小节方面的修养，到头来就会牵累大节亏损。

十一

农历甲辰年 农历腊月十二

2025 年 1 月 11 日　星期六

不积跬步，无以至千里；不积小流，无以成江海。

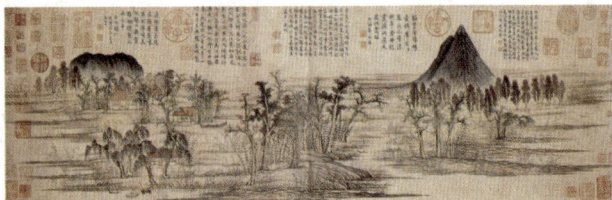

【典出】先秦《荀子·劝学》

【原文】故不积跬步，无以至千里；不积小流，无以成江海。骐骥一跃，不能十步；驽马十驾，功在不舍。锲而舍之，朽木不折；锲而不舍，金石可镂。

【释义】没有一步半步的积累，就无法达到千里之远；没有细小水流的汇聚，就无法形成江河大海。强调积累的重要性。

十二

农历甲辰年 农历腊月十三

2025 年 1 月 12 日　星期日

不奋发，则心日颓靡；不检束，则心日恣肆。

【典出】南宋·朱熹《朱子语类》
【原文】同引用。
【释义】不奋发向上，就会精神颓废，萎靡不振；不检点约束自己，就会放荡纵欲，无所不为。

十三

农历甲辰年 农历腊月十四

2025 年 1 月 13 日　星期一

邦之兴，由得人也；邦之亡，由失人也。得其人，失其人，非一朝一夕之故，其所由来者渐矣。

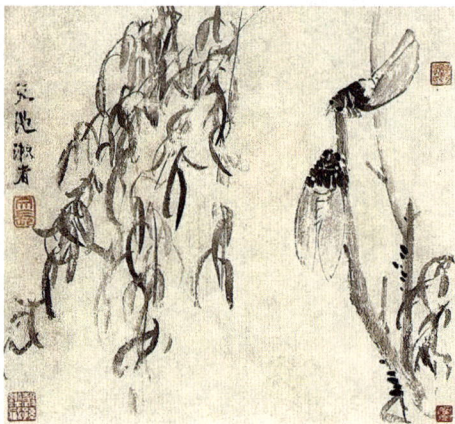

【典出】唐·白居易《策林·辨兴亡之由》

【原文】臣观前代邦之兴，由得人也；邦之亡，由失人也。得其人，失其人，非一朝一夕之故，其所由来者渐矣。

【释义】国家兴盛，在于拥有人才；国家灭亡，是因为丧失人才。得人也好，失人也罢，都不是一朝一夕所致，而是长期发展变化的结果。

十四

农历甲辰年 农历腊月十五

2025 年 1 月 14 日　星期二

不知人之短，不知人之长，不知人长中之短，不知人短中之长，则不可以用人，不可以教人。

【典出】清·魏源《默觚下·治篇七》
【原文】同引用。
【释义】不了解一个人的短处，也不了解一个人的长处，不能发现一个人长处中的短处，也不能发现一个人短处里的长处，就无法合理使用人、教导人。

十五

农历甲辰年 农历腊月十六

2025 年 1 月 15 日　星期三

不私，而天下自公。

【典出】东汉·马融《忠经·广至理章第十二》
【原文】无为，而天下自清；不疑，而天下自信；不私，而天下自公。
【释义】不怀私心，天下自然变得公正无欺。

十六

农历甲辰年 农历腊月十七

2025 年 1 月 16 日　星期四

不惰者，众善之师也。

【典出】东晋·葛洪《抱朴子·广譬》

【原文】坚志者，功名之主也；不惰者，众善之师也。

【释义】勤奋不懈怠，是一切成功的根本。

十七

农历甲辰年 农历腊月十八

2025 年 1 月 17 日　星期五

不畏浮云遮望眼，自缘身在最高层。

【典出】北宋·王安石《登飞来峰》

【原文】飞来山上千寻塔，闻说鸡鸣见日升。不畏浮云遮望眼，自缘身在最高层。

【释义】不怕层层浮云遮住我那远眺的视野，只因为我站在峰顶，登高望远心胸宽广。

十八

农历甲辰年 农历腊月十九

2025 年 1 月 18 日　星期六

不戚戚于贫贱，不汲汲于富贵。

【典出】魏晋·陶渊明《五柳先生传》

【原文】赞曰：黔娄之妻有言："不戚戚于贫贱，不汲汲于富贵。"其言兹若人之俦乎？衔觞赋诗，以乐其志。无怀氏之民欤？葛天氏之民欤？

【释义】不因贫贱而终日忧心忡忡，不为富贵而到处奔走钻营。

十九

农历甲辰年 农历腊月二十

2025 年 1 月 19 日　星期日

邦畿千里，维民所止。

【典出】先秦《诗经·商颂·玄鸟》
【原文】邦畿千里，维民所止，肇域彼四海。
【释义】民众能到达和居住的地方，才是国家统治的区域，强调民乃国之根本。

大寒

农历甲辰年 农历腊月廿一

2025 年 1 月 20 日　星期一

不勤于始，将悔于终。

【典出】唐·吴兢《贞观政要·尊敬师傅》

【原文】原夫太子，宗祧是系，善恶之际，兴亡斯在。不勤于始，将悔于终。

【释义】一开始就不勤快地去做，最终必定后悔。

廿一

农历甲辰年 农历腊月廿二

2025 年 1 月 21 日　星期二

不能胜寸心，安能胜苍穹。

【典出】清·龚自珍《自春徂秋，偶有所触，拉杂书之，漫不诠次，得十五首》（其一）

【原文】道力战万籁，微芒课其功。不能胜寸心，安能胜苍穹。

【释义】如果连自己的心都控制不住，又怎么能够战胜客观世界呢？

廿二

农历甲辰年 农历腊月廿三

2025 年 1 月 22 日　星期三

不知耻者，无所不为。

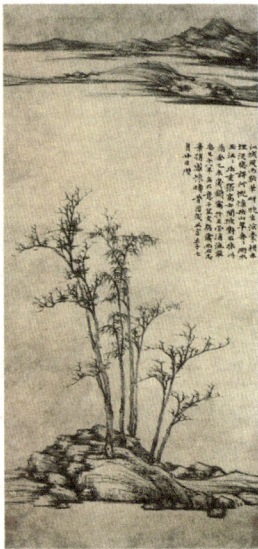

【典出】北宋·欧阳修《集古录跋尾·魏公卿上尊号表》

【原文】同引用。

【释义】一个人如果不知羞耻，就会不问是非、善恶，不顾道德规范，为所欲为，什么伤天害理的事都能做出来。比喻社会需要有道德滋养。

廿三

农历甲辰年 农历腊月廿四

2025 年 1 月 23 日　星期四

不以一毫私意自蔽，不以一毫私欲自累。

【典出】南宋·朱熹《中庸章句》
【原文】同引用。
【释义】不因一点点私心蒙蔽自己、处事不公；不因一点点私欲而束缚、牵累自己。

廿四

农历甲辰年 农历腊月廿五

2025 年 1 月 24 日　星期五

不患无才，患无用之之道。

【典出】明·张居正《陈六事疏》

【原文】同引用。

【释义】不用忧虑没有人才，值得忧虑的是没有使用人才的
办法。

廿五

农历甲辰年 农历腊月廿六

2025 年 1 月 25 日　星期六

不登高山，不知天之高也；不临深溪，不知地之厚也。

【典出】先秦《荀子·劝学》
【原文】故不登高山，不知天之高也；不临深溪，不知地之厚也；不闻先王之遗言，不知学问之大也。
【释义】不登上高山，不知道天有多高；不走近峡谷，不知道地有多厚。

廿六

农历甲辰年 农历腊月廿七

2025 年 1 月 26 日　星期日

不以一眚掩大德。

【典出】先秦《左传·僖公三十三年》

【原文】孤违蹇叔，以辱二三子，孤之过也，大夫何罪？且吾不以一眚掩大德。

【释义】评价一个人时，不能因为一点过失就抹杀他的功劳。

廿七

农历甲辰年 农历腊月廿八

2025 年 1 月 27 日　星期一

不受虚言，不听浮术，不采华名，不兴伪事。

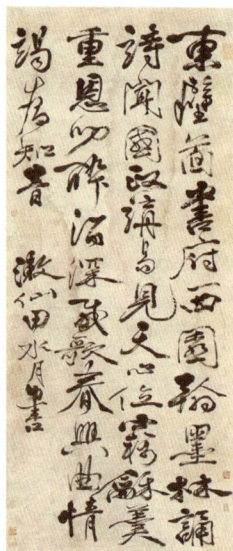

【典出】东汉·荀悦《申鉴·俗嫌》

【原文】在上者不受虚言，不听浮术，不采华名，不兴伪事。言必有用，术必有典，名必有实，事必有功。

【释义】不听不真实的话，不相信不切实际的方法，不谋取浮华的名声，不做虚伪的事。

廿八

农历甲辰年 农历腊月廿九
除　夕

2025 年 1 月 28 日　星期二

不使内有余帛，外有赢财。

【典出】三国·诸葛亮《自表后主》

【原文】若臣死之日，不使内有余帛，外有赢财，以负陛下也。

【释义】不让家里有多余的钱帛，外面有剩余的财物。

廿九

农历乙巳年 农历正月初一

春 节

2025 年 1 月 29 日　星期三

不曰"如之何、如之何"者，吾末如之何也已矣。

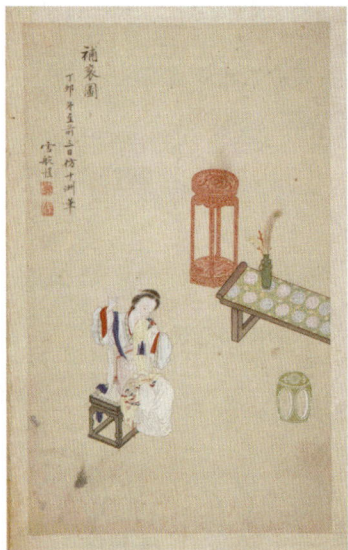

【典出】先秦《论语·卫灵公》

【原文】子曰："不曰'如之何、如之何'者，吾末如之何也已矣。"

【释义】遇事不想着"怎么办、怎么办"的人，我也不知道对他"怎么办"了。

廿
日

农历乙巳年 农历正月初二

2025 年 1 月 30 日　星期四

不谋全局者，不足谋一域。

【典出】清·陈澹然《寤言二·迁都建藩议》
【原文】不谋万世者，不足谋一时；不谋全局者，不足谋一域。
【释义】要从全局考虑问题，不谋划全局，就无法谋划一个领域。

廿
一

农历乙巳年 农历正月初三

2025 年 1 月 31 日　星期五

二月

天地风霜尽，乾坤气象和。

历添新岁月，春满旧山河。

梅柳芳容徛，松篁老态多。

屠苏成醉饮，欢笑白云窝。

——《己酉新正》【明】叶颙

2025年·农历乙巳年

冰冻三尺，非一日之寒。

【典出】东汉·王充《论衡·状留》

【原文】故夫河冰结合，非一日之寒；积土成山，非斯须之作。

【释义】冰冻三尺，并不是一天的寒冷就能达到的效果。比喻一种情况的形成，是经过长时间积累、酝酿的。

一
日

农历乙巳年 农历正月初四

2025 年 2 月 1 日　星期六

兵无常势，水无常形。

【典出】先秦·孙武《孙子兵法·虚实第六》

【原文】夫兵形象水，水之形避高而趋下；兵之形避实而击虚。水因地而制流，兵因敌而制胜。故兵无常势，水无常形。能因敌变化而取胜者，谓之神。

【释义】用兵作战没有定势，正如水没有固定的形状和流向一样，能根据敌情变化而取胜的，才叫作用兵如神。

二日

农历乙巳年 农历正月初五

2025 年 2 月 2 日　星期日

不以规矩，不能成方圆。

【典出】先秦《孟子·离娄上》

【原文】孟子曰："离娄之明、公输子之巧，不以规矩，不能成方圆；师旷之聪，不以六律，不能正五音；尧舜之道，不以仁政，不能平治天下。"

【释义】不用圆规和曲尺，不能准确地画出方形和圆形。指做事要遵循一定法则，有所规限，方可有始有终。

立春

农历乙巳年 农历正月初六

2025 年 2 月 3 日　星期一

不患人之不己知，患其不能也。

【典出】先秦《论语·宪问》
【原文】同引用。
【释义】不要担心别人不了解自己，要担心的是自己没有真
才实学。

四

日

农历乙巳年 农历正月初七

2025 年 2 月 4 日　星期二

不习法理，无以效职。

【典出】唐·杜佑《通典·选举五》

【原文】不习经史，无以立身；不习法理，无以效职。

【释义】（当官）不熟习法律，不能很好履行职责。

五
日

农历乙巳年 农历正月初八

2025 年 2 月 5 日　星期三

不傲才以骄之，不以宠而作威。

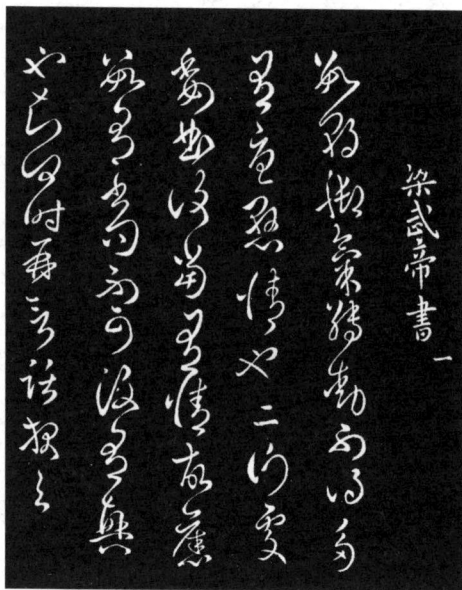

【典出】三国·诸葛亮《将苑·卷一·将诫》
【原文】同引用。
【释义】不能以为自己能力强就骄傲自大，不能因为得到宠幸就作威作福。

六日

农历乙巳年 农历正月初九

2025 年 2 月 6 日　星期四

不塞不流，不止不行。

【典出】唐·韩愈《原道》
【原文】然则如之何而可也？曰：不塞不流，不止不行，人其人，火其书，庐其居。
【释义】比喻只有破除旧的、错误的东西，才能建立新的、正确的东西。

七日

农历乙巳年 农历正月初十

2025 年 2 月 7 日　星期五

不患位之不尊，而患德之不崇。

【典出】东汉·张衡《应闲》

【原文】同引用。

【释义】不要担心职位不够高，而应该想想自己的道德是否完善。

八

日

农历乙巳年 农历正月十一

2025 年 2 月 8 日　星期六

不日新者必日退，未有不进而不退者。

【典出】北宋·程颢、程颐《二程集·河南程氏遗书》
【原文】君子之学必日新，日新者日进也。不日新者必日退，
未有不进而不退者。
【释义】如果不能每天取得新的进步，就必然是在一天天退
步，从来没有既不前进又不后退的人。

九

日

农历乙巳年 农历正月十二

2025 年 2 月 9 日　星期日

不曲道以媚时，不诡行以邀名。

【典出】东汉·崔寔《政论》
【原文】同引用。
【释义】不能违背道德准则以趋时媚世，不能以欺诈的行为
取得虚名。

十日

农历乙巳年 农历正月十三

2025 年 2 月 10 日　星期一

尺有所短，寸有所长；物有所不足，智有所不明。

【典出】先秦·屈原《卜居》

【原文】詹尹乃释策而谢曰："夫尺有所短，寸有所长；物有所不足，智有所不明；数有所不逮，神有所不通。"

【释义】尺虽长，也有其短处；寸虽短，也有其长处；万物皆有不足，智者亦有所不知。

十一

农历乙巳年 农历正月十四

2025 年 2 月 11 日　星期二

垂怜小民之穷苦，俯念时势之难为。

【典出】明·王阳明《庐陵县公移》

【原文】垂怜小民之穷苦，俯念时势之难为，特赐宽容，悉与蠲免。

【释义】怜悯百姓的疾苦生活，为处在艰辛时势中的人们着想。

十二

农历乙巳年 农历正月十五
元宵节

2025 年 2 月 12 日　星期三

察势者明，趋势者智。

【典出】先秦·王诩《鬼谷子》
【原文】察势者明，趋势者智，驭势者独步天下。
【释义】能够洞察历史大势的是聪明的人，能够顺应历史大势的是有智慧的人。

十三

农历乙巳年 农历正月十六

2025 年 2 月 13 日　星期四

仓廪实而知礼节，衣食足而知荣辱。

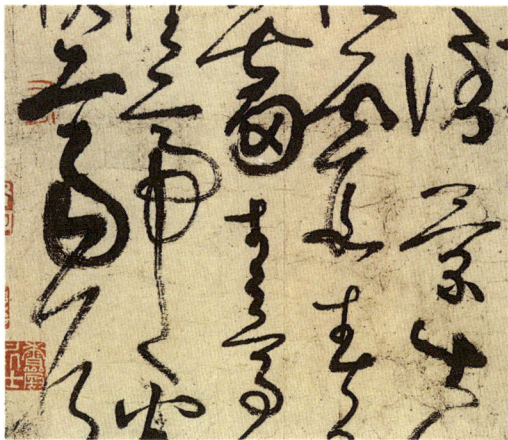

【典出】西汉·司马迁《史记·管晏列传》
【原文】仓廪实而知礼节，衣食足而知荣辱，上服度则六亲固。四维不张，国乃灭亡。下令如流水之原，令顺民心。
【释义】粮仓充实了，人们才能懂得礼节；衣食丰足了，人们才能分辨荣辱。

十四

农历乙巳年 农历正月十七

情人节

2025 年 2 月 14 日　星期五

侈心一萌，邪道并进。

【典出】唐·陆贽《奉天论前所答奏未施行状》

【原文】同引用。

【释义】一旦萌生贪念和奢欲，各种邪魔外道就会蜂拥而至。

十五

农历乙巳年 农历正月十八

2025 年 2 月 15 日　星期六

才者，材也，养之贵素，使之贵器。

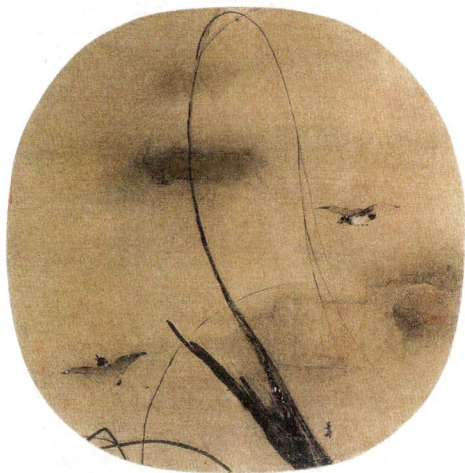

【典出】明·张居正《论时政疏》
【原文】同引用。
【释义】好的人才就如同参天之树，在人才培养时贵在保持其本性，使用时贵在发挥其特长。

十六

农历乙巳年 农历正月十九

2025 年 2 月 16 日　星期日

迟日江山丽，春风花草香。

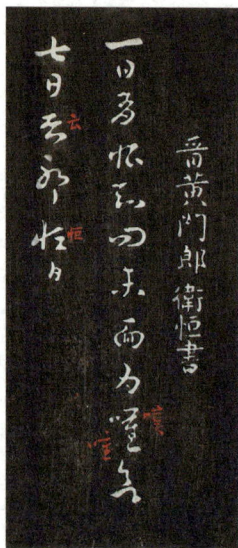

【典出】唐·杜甫《绝句二首》其一

【原文】迟日江山丽，春风花草香。泥融飞燕子，沙暖睡鸳鸯。

【释义】沐浴在春光下的江河山川是如此秀丽，春风拂过送来阵阵花香。

十七

农历乙巳年 农历正月二十

2025 年 2 月 17 日　星期一

草木秋死，松柏独在。

【典出】西汉·刘向《说苑·谈丛》
【原文】草木秋死，松柏独在；水浮万物，玉石留止。
【释义】一般的草木到秋天都枯死了，而松柏却仍能郁郁葱葱。此句以松柏为喻，比喻在严酷的环境中依然坚贞不屈的精神。

雨水

农历乙巳年 农历正月廿一

2025 年 2 月 18 日　星期二

常将有日思无日，莫待无时思有时。

【典出】清·李汝珍《镜花缘》

【原文】"常将有日思无日，莫待无时思有时。"如此剀切劝谕，奢侈之风，自可渐息。

【释义】在过富有生活的时候，要想到以后可能会过贫穷的日子，不要到了一无所有的时候再来回想以前的美好生活。

十九

农历乙巳年 农历正月廿二

2025 年 2 月 19 日　星期三

恻隐之心，仁之端也；羞恶之心，义之端也；辞让之心，礼之端也；是非之心，智之端也。

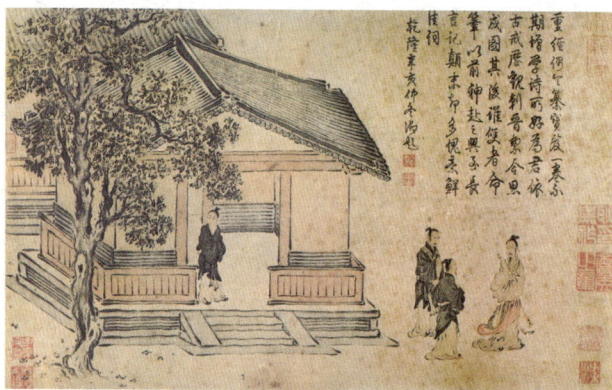

【典出】先秦《孟子·公孙丑上》

【原文】恻隐之心，仁之端也；羞恶之心，义之端也；辞让之心，礼之端也；是非之心，智之端也。人之有四端也，尤其有四体也。

【释义】同情心是仁的发端；羞耻心是义的发端；谦让心是礼的发端；是非心是智的发端。

廿

日

农历乙巳年 农历正月廿三

2025 年 2 月 20 日　星期四

出乎尔者，反乎尔者也。

【典出】先秦《孟子·梁惠王下》

【原文】曾子曰："戒之戒之！出乎尔者，反乎尔者也。"

【释义】你怎样对待别人，别人也会反过来怎样对待你。现多指自己说了或做了后，又自己反悔。比喻言行前后自相矛盾、反复无常。

廿一

农历乙巳年 农历正月廿四

2025 年 2 月 21 日　星期五

成事在理不在势，服人以诚不以言。

【典出】北宋·苏轼《拟进士对御试策》
【原文】同引用。
【释义】办成事情靠的是真理而不是权势，使人信服靠的是真诚，而不是好听的言语。

廿二

农历乙巳年 农历正月廿五

2025 年 2 月 22 日　星期六

沉舟侧畔千帆过，病树前头万木春。

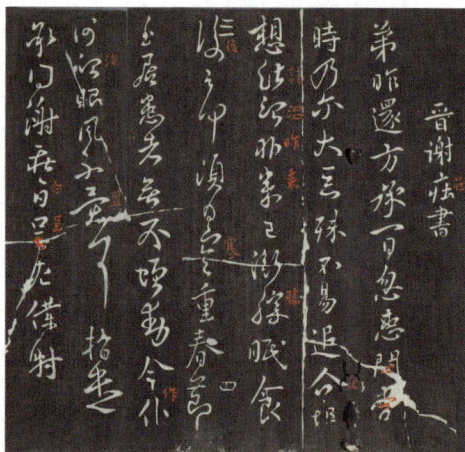

【典出】唐·刘禹锡《酬乐天扬州初逢席上见赠》

【原文】巴山楚水凄凉地，二十三年弃置身。怀旧空吟闻笛赋，到乡翻似烂柯人。沉舟侧畔千帆过，病树前头万木春。今日听君歌一曲，暂凭杯酒长精神。

【释义】沉船的旁边正有千艘船驶过，病树的前头却也是万木争春。比喻新事物必将取代旧事物。

廿三

农历乙巳年 农历正月廿六

2025 年 2 月 23 日　星期日

察己则可以知人，察今则可以知古。

【典出】先秦·吕不韦《吕氏春秋·慎大览》

【原文】先王之所以为法者人也。而己亦人也，故察己则可以知人，察今则可以知古，古今一也，人与我同耳。

【释义】通过了解自己，可以了解他人；通过观察它的现在，可以推知它的过去。

廿四

农历乙巳年 农历正月廿七

2025 年 2 月 24 日　星期一

锄一害而众苗成，刑一恶而万民悦。

【典出】西汉·桓宽《盐铁论·后刑第三十四》

【原文】大夫曰：古之君子，善善而恶恶。人君不畜恶民，农夫不畜无用之苗。无用之苗，苗之害也；无用之民，民之贼也。锄一害而众苗成，刑一恶而万民悦。虽周公、孔子不能释刑而用恶。……故刑所以正民，锄所以别苗也。

【释义】锄掉一株杂草，能使众苗茁壮成长；惩治一个恶人，能使万民欢欣鼓舞。

廿五

农历乙巳年 农历正月廿八

2025 年 2 月 25 日　星期二

崇大厦者，非一木之材；匡弊俗者，非一日之术。

【典出】唐·王勃《上吏部裴侍郎启》
【原文】同引用。
【释义】盖高楼大厦，不是靠一棵树的木材能成的；纠正弊俗，不是靠一天之内的办法能奏效的。

廿六

农历乙巳年 农历正月廿九

2025 年 2 月 26 日　星期三

出入相友，守望相助。

【典出】先秦《孟子·滕文公上》
【原文】死徒无出乡，乡田同井。出入相友，守望相助。疾病相扶持，则百姓亲睦。
【释义】出去做工，回家休息，大家都是同伴，应彼此互助，和睦相处。

廿七

农历乙巳年 农历正月三十

2025 年 2 月 27 日　星期四

诚既勇兮又以武，终刚强兮不可凌。身既死兮神以灵，魂魄毅兮为鬼雄。

【典出】先秦·屈原《九歌·国殇》

【原文】同引用。

【释义】那些为国献身的将士们，不仅具有勇于冲锋陷阵的气概，更具誓死不屈的精神。

廿八

农历乙巳年 农历二月初一

2025 年 2 月 28 日　星期五

三月

天街小雨润如酥，
草色遥看近却无。
最是一年春好处，
绝胜烟柳满皇都。
——《早春呈水部张十八员外
（其一）》【唐】韩愈

2025年·农历乙巳年

常制不可以待变化。

【典出】东晋·葛洪《抱朴子·外篇·广譬卷三十九》
【原文】常制不可以待变化，一途不可以应无方，刻船不可以索遗剑。
【释义】固定不变的制度不能应对千变万化的社会。

一

日

农历乙巳年 农历二月初二

2025 年 3 月 1 日　星期六

聪者听于无声，明者见于未形。

【典出】西汉·司马迁《史记·淮南衡山列传》

【原文】臣闻聪者听于无声，明者见于未行，故圣人万举万全。

【释义】聪慧明智、思虑通达的人，能够掌握事物发展规律和发展方向，从而洞察未来，作出正确判断。

二

日

农历乙巳年 农历二月初三

2025 年 3 月 2 日　星期日

草木植成，国之富也。

【典出】先秦·管仲《管子·立政》
【原文】山泽救于火，草木植成，国之富也。
【释义】山泽能够防止火灾，草木繁殖成长，国家就会富足。

三

日

农历乙巳年 农历二月初四

2025 年 3 月 3 日　星期一

独学而无友，则孤陋而寡闻。

【典出】先秦《礼记·学记》

【原文】同引用。

【释义】如果只是独自一个人学习而没有朋友一起讨论，就会孤陋寡闻。

四日

农历乙巳年 农历二月初五

2025 年 3 月 4 日　星期二

得众则得国，失众则失国。

【典出】先秦《礼记·大学》

【原文】道得众则得国，失众则失国。是故君子先慎乎德，有德此有人，有人此有土，有土此有财，有财此有用。

【释义】为政者能够得到民心，就能治理好国家，如果失去了民心，国家就会走向灭亡。

驚蟄

农历乙巳年 农历二月初六

2025 年 3 月 5 日　星期三

待人三自反，处世两如何。

【典出】清·金缨《格言联璧·接物类》
【原文】同引用。
【释义】与人相处要再三反省自己，面对世事要考虑周到全面。

六
日

农历乙巳年 农历二月初七

2025 年 3 月 6 日　星期四

大道之行也，天下为公。

【典出】先秦《礼记·礼运》

【原文】大道之行也，天下为公，选贤与能，讲信修睦。故人不独亲其亲，不独子其子，使老有所终，壮有所用，幼有所长，矜寡孤独废疾者皆有所养，男有分，女有归。

【释义】在理想的大道施行的时候，天下是大家共有的。

七日

农历乙巳年 农历二月初八

2025 年 3 月 7 日　星期五

道自微而生，祸自微而成。

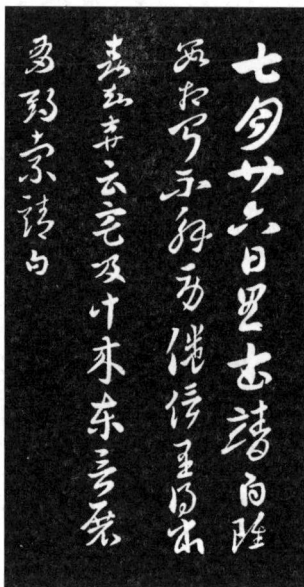

【典出】唐·马聪《意林》引《太公金匮》

【原文】同引用。

【释义】大道理是由小事总结出来的，大祸是由小错发展而成的。

八
日

农历乙巳年 农历二月初九

妇女节

2025 年 3 月 8 日　星期六

得其人而不得其法，则事必不能行；
得其法而不得其人，则法必不能济。人法
兼资，而天下之治成。

【典出】明·海瑞《治黎策》
【原文】同引用。
【释义】空有人才，没有律法，事情就执行不好；光有规则，
没有执行规则的人才，规则也会成为一纸空文。人才和法
律同等重要，不可或缺，两者齐备，才能成功治理国家。

九

日

农历乙巳年 农历二月初十

2025 年 3 月 9 日　星期日

登泰山而览群岳，则冈峦之本末可知也。

【典出】唐·王勃《八卦大演论》

【原文】据沧海而观众水，则江河之会归可见也；登泰山而览群岳，则冈峦之本末可知也。

【释义】登上泰山顶峰俯视群山，就能将山脉起伏尽皆了然。

十日

农历乙巳年 农历二月十一

2025 年 3 月 10 日　星期一

道听而涂说，德之弃也。

【典出】先秦《论语·阳货》

【原文】子曰："道听而涂说，德之弃也。"

【释义】把道路上听来的东西四处传说，是背弃道德的行为。

十一

农历乙巳年 农历二月十二

2025 年 3 月 11 日　星期二

德不优者，不能怀远；才不大者，不能博见。

【典出】东汉·王充《论衡·别通》

【原文】夫德不优者，不能怀远；才不大者，不能博见。故多闻博识，无顽鄙之訾；深知道术，无浅暗之毁也。

【释义】品德不优秀的人，胸中不会怀有远大理想；才能不高的人，不会具有渊博的见识。

十二

农历乙巳年 农历二月十三

植树节

2025 年 3 月 12 日　星期三

读书贵神解，无事守章句。

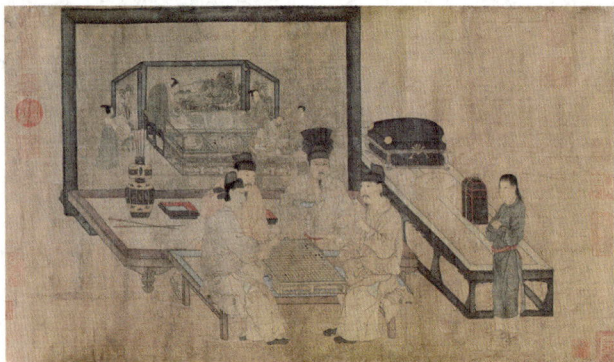

【典出】清·徐洪钧《书怀》

【原文】读书贵神解，无事守章句。混茫万古心，每于故纸寓。

【释义】读书最要紧的是领会文章的精神实质，不应拘泥于文字训诂。

十三

农历乙巳年 农历二月十四

2025 年 3 月 13 日　星期四

单则易折，众则难摧。

【典出】北齐·魏收《魏书·吐谷浑列传》

【原文】单者易折，众则难摧，戮力一心，然后社稷可固。

【释义】单枝的箭容易折断，众多的箭难以摧毁。

十
四

农历乙巳年 农历二月十五

2025 年 3 月 14 日　星期五

得其大者可以兼其小。

【典出】北宋·欧阳修《易或问》

【原文】得其大者可以兼其小，未有学其小而能至其大者也，知此然后知学《易》矣。

【释义】做任何事情都要从大处着眼，只有掌握了根本的大道理，才可以兼及旁枝末节。

十五

农历乙巳年 农历二月十六

2025 年 3 月 15 日　星期六

当时若不登高望，谁信东流海洋深。

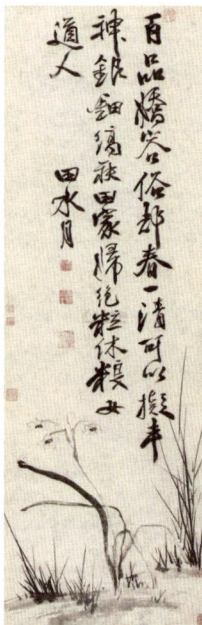

【典出】明《增广贤文》
【原文】同引用。
【释义】当初若不是去登高望远，后来怎知东海的浩瀚。

十六

农历乙巳年 农历二月十七

2025 年 3 月 16 日　星期日

但知行好事，莫要问前程。

【典出】五代·冯道《天道》
【原文】穷达皆由命，何劳发叹声。但知行好事，莫要问前程。
【释义】只要把握现在做好当下的事情，不要管将来会怎样。

十七

农历乙巳年 农历二月十八

2025 年 3 月 17 日　星期一

当断不断，反受其乱。

【典出】先秦《黄帝四经·兵容》

【原文】因天时，与之皆断；当断不断，反受其乱。

【释义】应该作出决断的时候却犹豫不决，就要承受因此而引发的祸乱。也就是说，处理问题要当机立断，否则后患无穷。

十八

农历乙巳年 农历二月十九

2025 年 3 月 18 日　星期二

当官避事平生耻，视死如归社稷心。

【典出】金·元好问《四哀诗·李钦叔》

【原文】同引用。

【释义】做官如果遇事不担当，就是平生最大的耻辱；为了国家民族，牺牲生命也在所不惜。

十九

农历乙巳年 农历二月二十

2025 年 3 月 19 日　星期三

度德而处之，量力而行之。

【典出】先秦·左丘明《左传·隐公》
【原文】君子谓："郑庄公于是乎有礼。礼，经国家，定社稷，序民人，利后嗣者也。许，无刑而伐之，服而舍之，度德而处之，量力而行之，相时而动，无累后人，可谓知礼矣。"
【释义】揣度德行而处事，衡量力量而做事。

春分

农历乙巳年 农历二月廿一

2025 年 3 月 20 日　星期四

道不同，不相为谋。

【典出】先秦《论语·卫灵公》

【原文】子曰："道不同，不相为谋。"

【释义】走着不同道路的人，就不能在一起谋划。比喻意见或志趣不同的人就无法共事。

廿一

农历乙巳年 农历二月廿二

2025 年 3 月 21 日　星期五

德莫高于爱民，行莫贱于害民。

【典出】先秦《晏子春秋·内篇问下》

【原文】同引用。

【释义】最高尚的德行，莫过于爱民；最低贱的行为，莫过于戕害百姓。

廿二

农历乙巳年 农历二月廿三

2025 年 3 月 22 日 星期六

蠹众而木折，隙大而墙坏。

【典出】先秦·商鞅《商君子·修权》

【原文】同引用。

【释义】蛀虫多了，木头就要折断；缝隙大了，墙就要倒塌。比喻危害因素多了，必定造成灾祸；如果错误不及时纠正，就会酿成问题。

廿三

农历乙巳年 农历二月廿四

2025 年 3 月 23 日　星期日

道私者乱，道法者治。

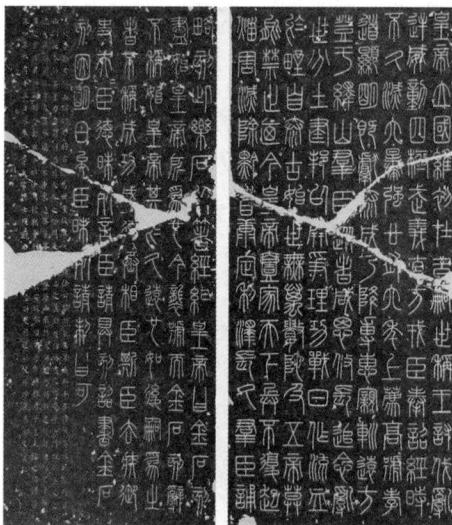

【典出】先秦《韩非子·诡使第四十五》

【原文】同引用。

【释义】引导人们一心为私，国家必乱；引导人们懂法守法，国家必治。

廿四

农历乙巳年 农历二月廿五

2025 年 3 月 24 日　星期一

德薄而位尊，知小而谋大，力小而任重，鲜不及矣。

【典出】先秦《周易·系辞下》

【原文】同引用。

【释义】如果一个人德行很差但地位很高，智慧很少却谋虑很大，力量很小却担负很重的任务，那就很少能办成事情了。

廿五

农历乙巳年 农历二月廿六

2025 年 3 月 25 日　星期二

德之所在，天下归之。

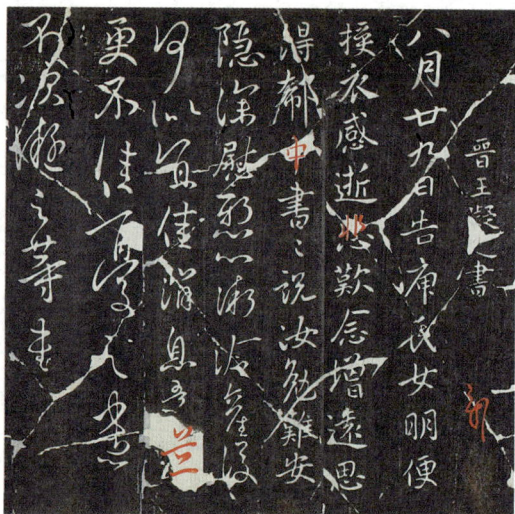

【典出】先秦《六韬·文韬》

【原文】免人之死，解人之难，救人之患，济人之急者，德也。德之所在，天下归之。

【释义】免除人们的死亡，解决人们的苦难，消除人们的祸患，解救人们的危急，这就叫有德。施以德政，天下的人都会归顺。

廿六

农历乙巳年 农历二月廿七

2025 年 3 月 26 日　星期三

登高使人心旷，临流使人意远。

【典出】明·洪应明《菜根谭》
【原文】同引用。
【释义】登上高山会使人心胸开阔，面对清流会使人神清意远。

廿七

农历乙巳年 农历二月廿八

2025 年 3 月 27 日　星期四

大贤秉高鉴，公烛无私光。

【典出】唐·孟郊《上达奚舍人》
【原文】同引用。
【释义】大贤正大光明如明镜高悬，公烛普照大地并无私偏。

廿八

农历乙巳年 农历二月廿九

2025 年 3 月 28 日　星期五

度之往事，验之来事，参之平素，可
则决之。

【典出】先秦《鬼谷子·决篇》

【原文】于事度之往事，验之来事，参之平素，可则决之。

【释义】用过去的经验作参照，对未来的趋势加以判断，并
参考平常发生的事情，就可以作出决断了。

廿九

农历乙巳年 农历三月初一

2025 年 3 月 29 日　星期六

恶言不出于口，忿言不返于身。

【典出】先秦《礼记·祭义》

【原文】壹出言而不敢忘父母，是故恶言不出于口，忿言不反于身。

【释义】自己不说伤人的话，那么就不会有忿恨恼怒的言语反加到自己身上。

廿日

农历乙巳年 农历三月初二

2025 年 3 月 30 日　星期日

恩德相结者，谓之知己；腹心相照者，谓之知心。

【典出】明·冯梦龙《警世通言·俞伯牙摔琴谢知音》

【原文】同引用。

【释义】以恩德相交的，叫作知己；肝胆相照、心心相印的，叫作知心。

廿一

农历乙巳年 农历三月初三

2025 年 3 月 31 日　星期一

四月

2025年 · 农历乙巳年

人间四月芳菲尽，
山寺桃花始盛开。
长恨春归无觅处，
不知转入此中来。
——《大林寺桃花》【唐】白居易

法令既行，纪律自正，则无不治之国，无不化之民。

【典出】北宋·包拯《上殿札子》

【原文】同引用。

【释义】只要依法治国法令畅通，纪律和风气自然清正，那样就不会有治不好的国家，也不会有顽固不化的百姓。

一

日

农历乙巳年 农历三月初四

2025 年 4 月 1 日　星期二

凡作传世之文者，必先有可以传世之心。

【典出】清·李渔《闲情偶寄》

【原文】凡作伟世之文者，必先有可以传世之心，而后鬼神效灵，予以生花之笔，撰为倒峡之词，使人人赞美，百世流芳。

【释义】要想写出能够流传于世的文章，必须先有能够流传于世的思想，这样作品才能立意高远，经得起时间考验。

二

日

农历乙巳年 农历三月初五

2025 年 4 月 2 日　星期三

非淡泊无以明志，非宁静无以致远。

【典出】三国·诸葛亮《诫子书》

【原文】夫君子之行，静以修身，俭以养德。非淡泊无以明志，非宁静无以致远。

【释义】不把眼前的名利看得轻淡就不会有明确的志向，不能平静安详全神贯注地学习就不能实现远大的目标。

三日

农历乙巳年 农历三月初六

2025 年 4 月 3 日　星期四

法不阿贵，绳不挠曲。

【典出】先秦《韩非子·有度》
【原文】同引用。
【释义】法律不偏袒有权有势的人，墨线不向弯曲的地方倾斜。比喻法律面前人人平等。

清明

农历乙巳年 农历三月初七
清明节

2025 年 4 月 4 日　星期五

非尽百家之美，不能成一人之奇。

【典出】清·刘开《与阮芸台宫保论文书》

【原文】非尽百家之美，不能成一人之奇；非取法至高之境，不能开独造之域。

【释义】不把各家的长处学到手，就无法形成自己的特色；不效法最高境界的作品，便无法开创自己独特的领域。

五日

农历乙巳年 农历三月初八

2025 年 4 月 5 日　星期六

法立，有犯而必施；令出，唯行而不返。

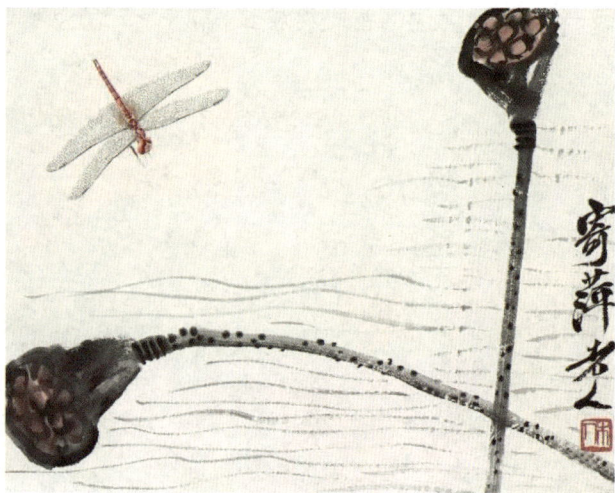

【典出】唐·王勃《上刘右相书》

【原文】然后远宏教旨，大变流俗，法立，有犯而必施；令出，唯行而不返。

【释义】法律一经制定，凡有违犯者，必须实施惩治；法令一经发出，只有坚决执行，决不能违反。

六

日

农历乙巳年 农历三月初九

2025 年 4 月 6 日　星期日

凡交，近则必相靡以信，远则必忠之以言。

【典出】先秦《庄子·人间世》

【原文】凡交，近则必相靡以信，远则必忠之以言。

【释义】凡是交往，对于身边的朋友，一定要相互信任；对于远方的朋友，一定要忠实于自己的诺言。

七日

农历乙巳年 农历三月初十

2025 年 4 月 7 日　星期一

法令行则国治，法令弛则国乱。

【典出】东汉·王符《潜夫论·述赦》
【原文】且夫国无常治，又无常乱，法令行则国治，法令弛
则国乱；法无常行，亦无常弛，君敬法则法行，君慢法则
法弛。
【释义】法令得到执行，国家就能够安定；法令一旦废弛，
国家就会出现动荡。

八日

农历乙巳年 农历三月十一

2025 年 4 月 8 日　星期二

夫公，治化之本，德教之基也。

【典出】唐·虞世南《北堂书钞·政术部·公正》
【原文】同引用。
【释义】公平公正，是治理和教化的根本，也是道德和教化的基础。

九

日

农历乙巳年 农历三月十二

2025 年 4 月 9 日　星期三

法者，天下之程式也，万事之仪表也。

【典出】先秦《管子·明法解》

【原文】法者，天下之程式也，万事之仪表也；吏者，民之所悬命也。

【释义】法度是天下的规程，万事的准则。

十日

农历乙巳年 农历三月十三

2025 年 4 月 10 日　星期四

凡贵通者，贵其能用之也。

【典出】东汉·王充《论衡·超奇》

【原文】凡贵通者，贵其能用之也，即徒诵读，读诗讽术虽千篇以上，鹦鹉能言之类也。

【释义】人们之所以重视"通人"，是看重他们能运用所学知识解决实际问题的能力。

十
一

农历乙巳年 农历三月十四

2025 年 4 月 11 日　星期五

非知之艰，行之惟艰。

【典出】先秦《尚书·说命中》
【原文】说拜稽首曰：非知之艰，行之惟艰。
【释义】理解认识事物并不难，真正难的是把所知付诸实际
行动。

十二

农历乙巳年 农历三月十五

2025 年 4 月 12 日　星期六

凡观物有疑，中心不定，则外物不清；吾虑不清，则未可定然否也。

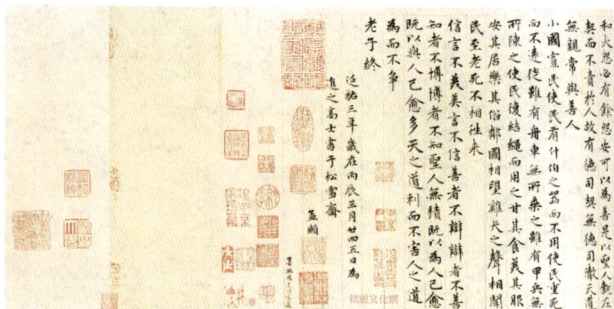

【典出】先秦《荀子·解蔽》

【原文】同引用。

【释义】观察事物如有疑惑，心里不能确定，就会对外界事物认识不清；思考不清楚，也就无法辨别是非了。

十三

农历乙巳年 农历三月十六

2025 年 4 月 13 日　星期日

凡善怕者，必身有所正，言有所规，行有所止。

【典出】明·方孝孺《逊志斋集》

【原文】凡善怕者，必身有所正，言有所规，行有所止，偶有逾矩，亦不出大格。

【释义】凡知道畏惧的人，必言谨身正，说话有分寸，行为不冲动。

十四

农历乙巳年 农历三月十七

2025 年 4 月 14 日　星期一

高比所以广德也，下比所以狭行也。

【典出】西汉·韩婴《韩诗外传》

【原文】同引用。

【释义】用于教育人要向圣贤学习。跟品德高尚的人相比，可以提高自己的德行；跟品德低下的人相比，会降低自己的德行。

十五

农历乙巳年 农历三月十八

2025 年 4 月 15 日　星期二

国虽大，好战必亡。

【典出】先秦·司马穰苴《司马法·仁本》

【原文】国虽大，好战必亡；天下虽平，忘战必危。

【释义】国家虽然强大，经常发动战争必然灭亡。

十

六

农历乙巳年 农历三月十九

2025 年 4 月 16 日　星期三

苟日新，日日新，又日新。

【典出】先秦《礼记·大学》

【原文】同引用。

【释义】如果能每天除旧布新，就要天天坚持，不间断地提升自己。

十七

农历乙巳年 农历三月二十

2025 年 4 月 17 日　星期四

故善战者，求之于势，不责于人，故能择人而任势。

【典出】先秦·孙武《孙子兵法·兵势篇》
【原文】同引用。

【释义】擅长作战的人，重视利用有利态势，不苛求部下，因而能选择合适的人才并发挥其优势。

十八

农历乙巳年 农历三月廿一

2025 年 4 月 18 日　星期五

古人为治，无无法之政，无不变之法。

【典出】元·胡祗遹《紫山大全集·论治法》
【原文】同引用。
【释义】古人治理国家，没有无规则的政事，也没有不变通
的法律。表明治理要遵循规则并适时变革。

十九

农历乙巳年 农历三月廿二

2025 年 4 月 19 日　星期六

苟利于民不必法古，苟周于事不必循旧。

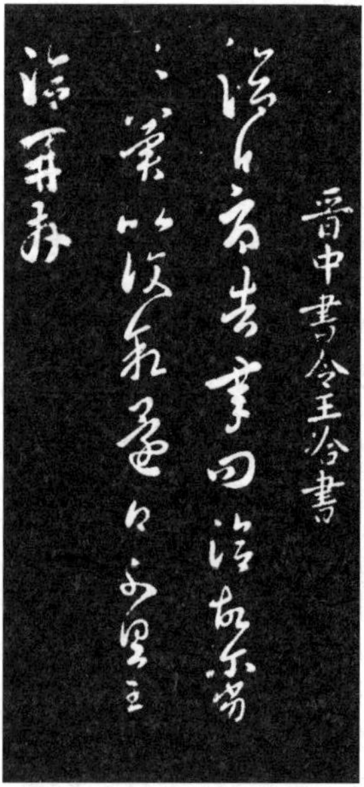

【典出】西汉·刘安《淮南子·氾论训》

【原文】同引用。

【释义】只要对民众有利，就不必非得效仿古制；只要适合实际情况，就不必非得因循旧法。

谷雨

农历乙巳年 农历三月廿三

2025 年 4 月 20 日　星期日

甘瓜抱苦蒂，美枣生荆棘。

【典出】清·沈德潜《古诗源·古诗二首》

【原文】甘瓜抱苦蒂，美枣生荆棘。利旁有倚刀，贪人还
自贼。

【释义】再甘甜的瓜，其所连接的瓜蒂都是苦的；再美味的
枣子，都长在荆棘上。

廿一

农历乙巳年 农历三月廿四

2025 年 4 月 21 日　星期一

国将兴，必贵师而重傅；贵师而重傅，则法度存。

【典出】先秦《荀子·大略》

【原文】国将兴，必贵师而重傅；贵师而重傅，则法度存。国将衰，必贱师而轻傅；贱师而轻傅，则人有快；人有快则法度坏。

【释义】国家要兴盛，一定尊敬老师并看重有技能的人；这样做，规矩和制度就能保持并得以推行。

廿二

农历乙巳年 农历三月廿五

2025 年 4 月 22 日　星期二

公生明，廉生威。

【典出】明·年富《官箴》

【原文】吏不畏吾严而畏吾廉，民不服吾能而服吾公；廉则吏不敢欺，公则民不敢慢；公生明，廉生威。

【释义】处事公正方可明辨是非，为官廉洁才能树立权威。

廿三

农历乙巳年 农历三月廿六

2025 年 4 月 23 日　星期三

过而不改，是谓过矣。

【典出】先秦《论语·卫灵公》

【原文】子曰："过而不改，是谓过矣。"

【释义】有过错却不加以改正，才是真正的过错。

廿四

农历乙巳年 农历三月廿七

2025 年 4 月 24 日　星期四

勾践栖山中，国人能致死。

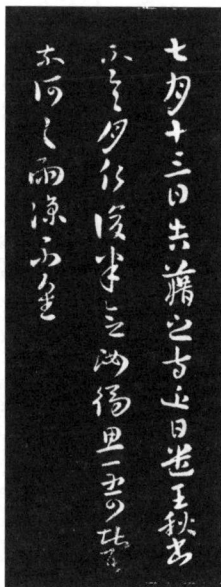

【典出】明末清初·顾炎武《秋山》
【原文】同引用。
【释义】越王勾践卧薪尝胆，栖居会稽山中，越国的百姓情愿以死相效。

廿五

农历乙巳年 农历三月廿八

2025 年 4 月 25 日　星期五

和羹之美，在于合异。

【典出】西晋《三国志》
【原文】同引用。
【释义】羹汤之所以美味可口，在于把各种不同的调料合到
了一起，比喻团结各方面的力量，才能把工作做好。

廿六

农历乙巳年 农历三月廿九

2025 年 4 月 26 日　星期六

好学近乎知，力行近乎仁，知耻近乎勇。

【典出】先秦《中庸》
【原文】同引用。
【释义】向人求教称得上聪明，身体力行称得上仁德，懂得
廉耻称得上勇敢。

廿七

农历乙巳年 农历三月三十

2025 年 4 月 27 日　星期日

合天下之众者财，理天下之财者法。

【典出】北宋·王安石《度支副使厅壁题名记》

【原文】夫合天下之众者财，理天下之财者法，守天下之法
者吏也。吏不良，则有法而莫守；法不善，则有财而莫理。

【释义】能聚合天下之民众的是财富，能治理天下经济的是
法令。

廿八

农历乙巳年 农历四月初一

2025 年 4 月 28 日　星期一

海不辞水，故能成其大。

【典出】 先秦《管子·形势解》

【原文】 海不辞水，故能成其大；山不辞土石，故能成其高。

【释义】 大海不排斥水流，所以能成为大海。形容领导者只有广纳天下英才，才可以成为圣君明王。

廿九

农历乙巳年 农历四月初二

2025 年 4 月 29 日　星期二

毁誉从来不可听，是非终久自分明。

【典出】明·冯梦龙《警世通言》
【原文】同引用。
【释义】对人的诋毁和称赞从来都不应该只听一时之言，谁是谁非，时间久了自然会弄清楚。

世日

农历乙巳年 农历四月初三

2025 年 4 月 30 日　星期三

五月

谷口春残黄鸟稀，
辛夷花尽杏花飞。
始怜幽竹山窗下，
不改清阴待我归。

——《暮春归故山草堂》

【唐】钱起

2025年·农历乙巳年

禍几始作，当杜其萌；疾证方形，当绝其根。

他日相呼

【典出】南宋·何坦《西畴老人常言》
【原文】同引用。
【释义】在祸患刚出现时，就迅速解决于萌芽状态；当身体显示出病症时，就立刻医治以免留下病根。

一日

农历乙巳年 农历四月初四
劳动节

2025 年 5 月 1 日　星期四

祸莫大于不知足，咎莫大于欲得。

【典出】先秦·老子《道德经·第四十六章》

【原文】同引用。

【释义】祸患没有比不知足更为严重的，灾难没有比贪得无厌更为深重的。

二

日

农历乙巳年 农历四月初五

2025 年 5 月 2 日　星期五

慧者心辩而不繁说，多力而不伐功，此以名誉扬天下。

【典出】先秦《墨子·修身》

【原文】慧者心辩而不繁说，多力而不伐功，此以名誉扬天下。言无务为多而务为智，无务为文而务为察。故彼智无察，在身而情（惰），反其路者也。

【释义】聪明人心如明镜却不过多言语，能干实事却不邀功争赏，这就是他们名扬天下的原因。

三日

农历乙巳年 农历四月初六

2025 年 5 月 3 日　星期六

君子坦荡荡，小人长戚戚。

【典出】先秦《论语·述而》
【原文】同引用。
【释义】君子光明磊落，胸怀坦荡，小人则斤斤计较，患得
患失。

四

日

农历乙巳年 农历四月初七

青年节

2025 年 5 月 4 日　星期日

君子欲讷于言而敏于行。

【典出】先秦《论语·里仁》
【原文】同引用。
【释义】君子在言语上可以表现木讷、迟钝，但在行动上一
定要敏捷、勤快。

立夏

农历乙巳年 农历四月初八

2025 年 5 月 5 日　星期一

君子之过也，如日月之食焉：过也，人皆见之；更也，人皆仰之。

【典出】先秦《论语·子张》

【原文】同引用。

【释义】君子的过错就像天上的日食和月食一样，他犯了错误，人们都看得见。他改正了错误，人们也照样会景仰他。

六日

农历乙巳年 农历四月初九

2025 年 5 月 6 日　星期二

君子之德风，小人之德草，草上之风，必偃。

【典出】先秦《论语·颜渊》

【原文】同引用。

【释义】君子的德行好比是风，小人的德行好比是草，风吹在草上，草就必定跟着倒。

七日

农历乙巳年 农历四月初十

2025 年 5 月 7 日　星期三

己欲立而立人，己欲达而达人。

【典出】先秦《论语·雍也》
【原文】夫仁者，己欲立而立人，己欲达而达人。
【释义】自己想要站得住，也让别人站得住；自己想要行得通，也让别人行得通。

八日

农历乙巳年 农历四月十一

2025 年 5 月 8 日　星期四

兼听则明，偏信则暗。

【典出】北宋·司马光等《资治通鉴》

【原文】同引用。

【释义】同时听取各方面的意见，才能正确认识事物；只相信单方面的话，必然会犯片面性的错误。

九

日

农历乙巳年 农历四月十二

2025 年 5 月 9 日　星期五

君子喻于义，小人喻于利。

【典出】先秦《论语·里仁》

【原文】同引用。

【释义】君子关注的是道义，而小人只看到眼前的利益。

十日

农历乙巳年 农历四月十三

2025 年 5 月 10 日　星期六

君子之交淡如水，小人之交甘若醴。

【典出】先秦《庄子·山木》

【原文】且君子之交淡若水，小人之交甘若醴；君子淡以亲，
小人甘以绝。

【释义】君子之间的交往，像水一样清淡而持久；小人之间
的交往，像甜酒一样甘甜却易断绝。

十一

农历乙巳年 农历四月十四

母亲节

2025 年 5 月 11 日　星期日

静以修身，俭以养德。

【典出】三国·诸葛亮《诫子书》

【原文】夫君子之行，静以修身，俭以养德。

【释义】以宁静来修养身心，以节俭来培养德行。

十二

农历乙巳年 农历四月十五

2025 年 5 月 12 日　星期一

敬一贤则众贤悦，诛一恶则众恶惧。

【典出】三国·陆景《典语》

【原文】同引用。

【释义】对一名贤士以礼相待，诸多贤士都会感到欣慰；对一个恶人加以惩处诛杀，其他恶人就会感到畏惧。

十三

农历乙巳年 农历四月十六

2025 年 5 月 13 日　星期二

君子务本，本立而道生。

【典出】先秦《论语·学而》
【原文】同引用。
【释义】君子专心致力于根本的事务，根本建立了，做人做事的原则方法也就有了。

十四

农历乙巳年 农历四月十七

2025 年 5 月 14 日　星期三

君子求诸己，小人求诸人。

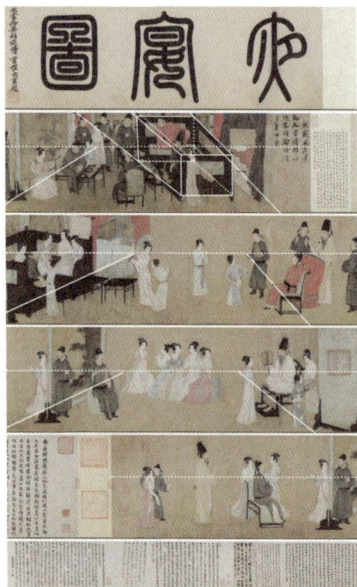

【典出】先秦《论语·卫灵公》
【原文】同引用。
【释义】君子遇到问题首先从自己身上找原因，小人则总是苛责别人。

十五

农历乙巳年 农历四月十八

2025 年 5 月 15 日　星期四

君子和而不同，小人同而不和。

【典出】先秦《论语·子路》

【原文】子曰："君子和而不同，小人同而不和。"

【释义】君子可以与他周围保持和谐融洽的氛围，但对待任何事情都持有自己的独立见解，而不是人云亦云；小人虽常和他人保持一致，但实际并不讲求真正的和谐贯通。

十六

农历乙巳年 农历四月十九

2025 年 5 月 16 日　星期五

将欲治人，必先治己。

【典出】北宋·程颐《经说·论语解》

【原文】故君子之治人，治其不及人者使及人而已。将欲治人，必先治己，故以忠恕自治。

【释义】要去管理别人，首先要把自己管理好。

十七

农历乙巳年 农历四月二十

2025 年 5 月 17 日　星期六

经师易求，人师难得。

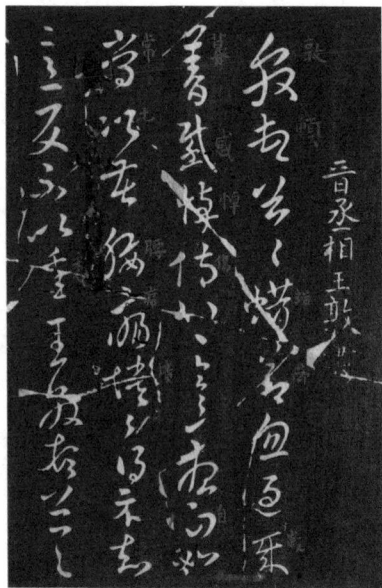

【典出】唐·令狐德棻等《周书·卢诞传》

【原文】同引用。

【释义】找一个只是传授经学知识的老师很容易，找一个教你怎么做人且以自己的行为加以示范的老师却很难。

十八

农历乙巳年 农历四月廿一

2025 年 5 月 18 日　星期日

距谏者塞，专己者孤。

【典出】西汉·桓宽《盐铁论》

【原文】同引用。

【释义】拒绝接受别人意见，就会视听闭塞；独断专行，就会孤立无援。

十九

农历乙巳年 农历四月廿二

2025 年 5 月 19 日　星期一

家有常业，虽饥不饿；国有常法，虽危不亡。

【典出】先秦《韩非子·饰邪》

【原文】语曰：家有常业，虽饥不饿；国有常法，虽危不亡。夫舍常法而从私意，则臣下饰于智能；臣下饰于智能，则法禁不立矣。

【释义】家里有固定的收入就不会挨饿，国家有固定的法治就不会灭亡。

廿日

农历乙巳年 农历四月廿三

2025 年 5 月 20 日　星期二

纪纲一废，何事不生？

【典出】北宋·苏轼《上神宗皇帝书》

【原文】同引用。

【释义】一旦法度败坏，什么样的事出现都不让人惊讶。

小满

农历乙巳年 农历四月廿四

2025 年 5 月 21 日　星期三

将教天下，必定其家，必正其身。

【典出】北宋·赵湘《南阳集·本文》

【原文】古之人将教天下，必定其家，必正其身；将正其身，必治其心；将治其心，必固其道。

【释义】想要教化天下，一定先要治理好自己的家族，端正自身的品行。

廿二

农历乙巳年 农历四月廿五

2025 年 5 月 22 日　星期四

见侮而不斗，辱也！

【典出】先秦《公孙龙子》

【原文】钜士也？见侮而不斗，辱也！辱则寡人不以为臣矣。

【释义】当正义遭到侮辱、欺凌却不挺身而出，是一种耻辱的表现。

廿三

农历乙巳年 农历四月廿六

2025 年 5 月 23 日　星期五

尽小者大，慎微者著。

【典出】北宋·司马光等《资治通鉴·汉纪九》

【原文】同引用。

【释义】在众多小的事情上努力，就能成就大事业；能够在细微之处谨慎对待，最终就会有显著的成就。

廿四

农历乙巳年 农历四月廿七

2025 年 5 月 24 日　星期六

君子上达，小人下达。

【典出】先秦《论语·宪问》

【原文】子曰："君子上达，小人下达。"

【释义】君子向上通达仁义，小人向下通达财利。

廿五

农历乙巳年 农历四月廿八

2025 年 5 月 25 日　星期日

俭为德之恭，侈为恶之大。

寄萍老人白石

【典出】唐·令狐德棻《周书·韦孝宽传》
【原文】俭为德之恭，侈为恶之大。欲不可纵，志不可满。
【释义】勤俭是修养德行必要的态度，奢侈是恶行之中最严
重的。

廿六

农历乙巳年 农历四月廿九

2025 年 5 月 26 日　星期一

君子养心，莫善于诚。

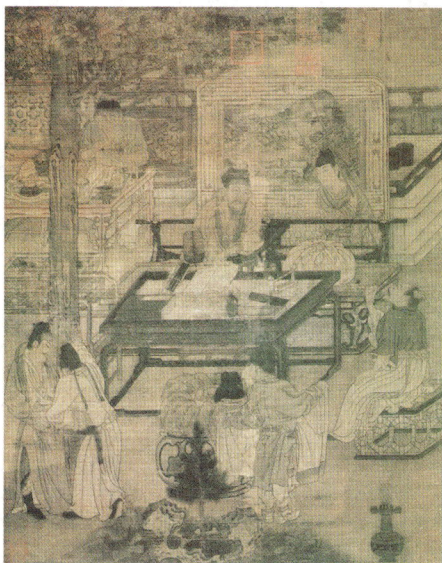

【典出】先秦《荀子·不苟》

【原文】君子养心，莫善于诚；致诚，则无它事矣。

【释义】君子涵养心性，最重要的就是诚心诚意。

廿七

农历乙巳年 农历五月初一

2025 年 5 月 27 日　星期二

君子不重则不威，学则不固。

【典出】先秦《论语·学而》
【原文】子曰：君子不重则不威，学则不固。主忠信，无友不如己者，过则勿惮改。
【释义】君子举止不庄重，就没有威严，即使读书，学习的知识也不会牢固。

廿八

农历乙巳年 农历五月初二

2025 年 5 月 28 日　星期三

见出以知入，观往以知来。

【典出】先秦《列子·说符》
【原文】同引用。
【释义】看见外表就可以知道内里，观察过往就可以预知未来。可引申解释为，透过现象可以看到事物的本质，学习历史可以掌握发展的规律。

廿九

农历乙巳年 农历五月初三

2025 年 5 月 29 日　星期四

匠万物者以绳墨为正，驭大国者以法理为本。

【典出】南北朝·孔稚圭《上新定律注表》
【原文】同引用。
【释义】制作物件的工匠要拿绳子墨斗来做规矩，治理大国的政治家要以法律规则做根本。

廿
日

农历乙巳年 农历五月初四

2025 年 5 月 30 日　星期五

君子有三戒：少之时，血气未定，戒之在色；及其壮也，血气方刚，戒之在斗；及其老也，血气既衰，戒之在得。

【典出】先秦《论语·季氏》

【原文】同引用。

【释义】君子有三件事值得警惕：年轻时，正在长筋骨，气血尚未定型，在男女问题上必须警戒；壮年时，身强力不亏，精力旺盛，要警戒无原则的纠纷和争斗；到了老年，体力和精力都差了，要警戒贪得无厌。

廿一

农历乙巳年 农历五月初五

端午节

2025 年 5 月 31 日　星期六

六月

2025年·农历乙巳年

毕竟西湖六月中，
风光不与四时同。
接天莲叶无穷碧，
映日荷花别样红。

——《晓出净慈寺送林子方》

【宋】杨万里

宽则得众，信则民任焉，敏则有功，公则说。

【典出】先秦《论语·尧曰》

【原文】同引用。

【释义】宽厚就会得到众人拥护，诚信就能得到民众信任，勤敏就会成功，公平就能使百姓高兴。

一日

农历乙巳年 农历五月初六

儿童节

2025 年 6 月 1 日　星期日

快马一鞭，快人一言。

【典出】北宋·释道原《景德传灯录》

【原文】快马一鞭，快人一言。有事何不出头来，无事各自珍重。

【释义】跑得快的马只要抽一鞭就能跑到底，爽快的人一句话就能说清楚。

二日

农历乙巳年 农历五月初七

2025 年 6 月 2 日　星期一

利口伪言，众所共恶。

【典出】北宋·欧阳修《论修河第三状》

【原文】李仲昌小人，利口伪言，众所共恶。

【释义】夸夸其谈，华而不实，这是人人都讨厌的行为。

三日

农历乙巳年 农历五月初八

2025 年 6 月 3 日　星期二

临河而羡鱼，不如归家织网。

【典出】西汉·刘安《淮南子·说林训》

【原文】同引用。

【释义】与其站在水边渴望也能得到鱼，不如回家结网从而真正捕到鱼。告诫人们与其总在不切实际地空想、总在艳羡他人的成绩，不如脚踏实地耕耘、把愿望付诸点滴行动。

四

日

农历乙巳年 农历五月初九

2025 年 6 月 4 日　星期三

老吾老以及人之老，幼吾幼以及人之幼。

【典出】先秦《孟子·梁惠王上》
【原文】孟子曰："老吾老以及人之老，幼吾幼以及人之幼。天下可运于掌。"
【释义】孝敬自己的长辈也要孝敬别人的长辈，关爱自己的小孩也要关爱别人的小孩。

芒種

农历乙巳年 农历五月初十

2025 年 6 月 5 日　星期四

虑善以动，动惟厥时。

【典出】先秦《尚书·说命》

【原文】虑善以动，动惟厥时。有其善，丧厥善；矜其能，
丧厥功。惟事事，乃其有备，有备无患。

【释义】凡事考虑好再行动，行动时还要抓住时机。

六日

农历乙巳年 农历五月十一

2025 年 6 月 6 日　星期五

力，形之所以奋也。

【典出】先秦《墨经》

【原文】同引用。

【释义】动力是使物体运动的原因。

七日

农历乙巳年 农历五月十二

2025 年 6 月 7 日　星期六

民惟邦本，本固邦宁。

【典出】先秦《尚书·五子之歌》

【原文】皇祖有训，民可近，不可下。民惟邦本，本固邦宁。

【释义】人民是国家的根本，只有根本稳固，国家才能安宁。

八日

农历乙巳年 农历五月十三

2025 年 6 月 8 日　星期日

莫见乎隐，莫显乎微，故君子慎其独也。

【典出】先秦《礼记·中庸》

【原文】同引用。

【释义】从最隐蔽、最细微的言行上就能看出一个人的品质，所以，君子要学会慎独。即使一个人独处、没有人注意，也要谨言慎行。

九
日

农历乙巳年 农历五月十四

2025 年 6 月 9 日　星期一

木受绳则直，金就砺则利。

【典出】先秦《荀子·劝学》

【原文】故木受绳则直，金就砺则利，君子博学而日参省乎己，则知明而行无过矣。

【释义】木材用墨线量过就能取直，刀剑等金属制品在磨刀石上磨过就能变得锋利。比喻优秀潜质必须借由外力帮助才能发挥价值。

十日

农历乙巳年 农历五月十五

2025 年 6 月 10 日　星期二

靡不有初，鲜克有终。

【典出】先秦《诗经·大雅·荡》

【原文】天生烝民，其命匪谌。靡不有初，鲜克有终。

【释义】事情开始容易，但能坚持到底的却很少。

十一

农历乙巳年 农历五月十六

2025 年 6 月 11 日　星期三

民齐者强。

【典出】先秦《荀子·议兵》

【原文】好士者强，不好士者弱；爱民者强，不爱民者弱；政令信者强，政令不信者弱；民齐者强，民不齐者弱；赏重者强，赏轻者弱；刑威者强，刑侮者弱。

【释义】民众齐心协力，国家就会变得强大。

十二

农历乙巳年 农历五月十七

2025 年 6 月 12 日　星期四

目见百步之外，不能自见其眦。

【典出】西汉·刘安《淮南子·说林训》

【原文】椎固有柄，不能自椓，目见百步之外，不能自见其眦。

【释义】眼睛能看到百步之外，却看不到自己的眼角。这是说很多人能看得很远，却发现不了自己的不足。

十三

农历乙巳年 农历五月十八

2025 年 6 月 13 日　星期五

内无妄思，外无妄动。

【典出】南宋·朱熹《朱子语类辑略》

【原文】同引用。

【释义】于内，要做到不妄思，即心中没有胡思乱想，在外做到不妄动，即行动上没有非分之举。

十四

农历乙巳年 农历五月十九

2025 年 6 月 14 日　星期六

富贵不能淫，贫贱不能移，威武不能屈。

【典出】先秦《孟子·滕文公上》

【原文】富贵不能淫，贫贱不能移，威武不能屈，此之谓大丈夫。

【释义】富贵不能惑乱他的心，贫困不能改变他的节操，威武不能屈服他的意志。

十五

农历乙巳年 农历五月二十

父亲节

2025 年 6 月 15 日　星期日

破山中贼易，破心中贼难。

【典出】明·王阳明《与杨仕德薛尚谦书》
【原文】同引用。
【释义】消灭山里的盗贼容易，消除自己的私欲却很难。

十六

农历乙巳年 农历五月廿一

2025 年 6 月 16 日　星期一

取法于上，仅得为中；取法于中，故
为其下。

【典出】唐·李世民《帝范·崇文第十二》

【原文】取法于上，仅得为中；取法于中，故为其下。自非
上德，不可效焉。

【释义】以上等作为标准，只能收到中等的效果；以中等作
为标准，只能收到下等的效果。

十七

农历乙巳年 农历五月廿二

2025 年 6 月 17 日　星期二

取诸人以为善，是与人为善者也。

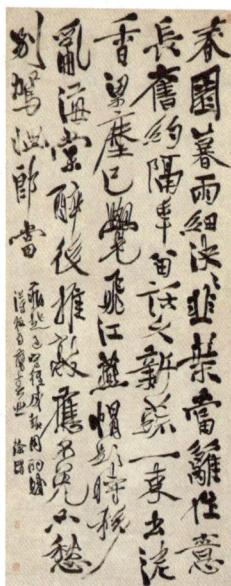

【典出】先秦《孟子·公孙丑上》

【原文】取诸人以为善，是与人为善者也。故君子莫大乎与人为善。

【释义】学习别人的优点用来行善，也就是与别人一起行善。

十八

农历乙巳年 农历五月廿三

2025 年 6 月 18 日　星期三

其作始也简，其将毕也必巨。

如梦不真實
平等行世间

大方廣佛華嚴經偈

论月

【典出】先秦《庄子·人间世》
【原文】同引用。
【释义】一件事情在刚开始时简单细微，临近结束时变得纷繁巨大。引申为任何具有远大前程的事业，尽管在初创之时微不足道，等到将要完成时就一定会发展得非常巨大。

十九

农历乙巳年 农历五月廿四

2025 年 6 月 19 日　星期四

千里之堤，溃于蚁穴。

【典出】先秦《韩非子·喻老》

【原文】千丈之堤，以蝼蚁之穴溃；百尺之室，以突隙之烟焚。

【释义】长长的河堤，因为小小的蚂蚁洞而崩溃。比喻小的疏忽可能造成大的灾难。

廿
日

农历乙巳年 农历五月廿五

2025 年 6 月 20 日　星期五

劝君不用镌顽石，路上行人口似碑。

【典出】南宋·释普济《五灯会元》

【原文】同引用。

【释义】劝君不必镌刻顽石为自己歌功颂德，路上行人的口传才是真正的记功碑。

夏至

农历乙巳年 农历五月廿六

2025 年 6 月 21 日　星期六

亲贤臣，远小人，此先汉所以兴隆也；亲小人，远贤臣，此后汉所以倾颓也。

【典出】三国·诸葛亮《前出师表》
【原文】同引用。
【释义】亲近贤臣，疏远小人，这是西汉兴盛的原因；亲近小人，疏远贤臣，东汉就是因此衰败的。

廿二

农历乙巳年 农历五月廿七

2025 年 6 月 22 日　星期日

人生天地间，忽如远行客。

【典出】东汉《古诗十九首》
【原文】同引用。
【释义】人生短暂，如同在天地间的一次远行，寓意人生如寄，时光匆匆。

廿三

农历乙巳年 农历五月廿八

2025 年 6 月 23 日　星期一

人生天地之间，若白驹之过隙，忽然
而已。

【典出】先秦《庄子·知北游》
【原文】同引用。
【释义】人生短暂，如同白马穿过细小的缝隙那样快速，转
瞬即逝。

廿
四

农历乙巳年 农历五月廿九

2025 年 6 月 24 日　星期二

人生万事须自为，跬步江山即寥廓。

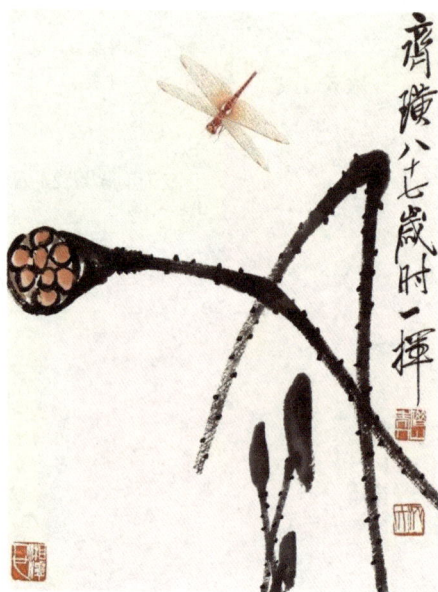

【典出】元·范梈《王氏能远楼》
【原文】同引用。
【释义】人生的许多事都要靠自己去做，只要迈步向前，日
积月累，就可以进入一个无比广阔的世界。

廿五

农历乙巳年 农历六月初一

2025 年 6 月 25 日　星期三

人心惟危，道心惟微，惟精惟一，允执厥中。

【典出】先秦《尚书·虞书·大禹谟》
【原文】同引用。
【释义】人心危险难安，道心微妙难明。惟有精心体察，专心守住，才能坚持一条不偏不倚的正确道路。

廿六

农历乙巳年 农历六月初二

2025 年 6 月 26 日　星期四

日中则移，月满则亏。

【典出】西汉·刘向（编订）《战国策》

【原文】语曰："日中则移，月满则亏。"物盛则衰，天之常数也。

【释义】太阳到了最高点就会向下移动，月圆之后则会慢慢变缺。

廿七

农历乙巳年 农历六月初三

2025 年 6 月 27 日　星期五

人之所以为人者，言也。人而不能言，何以为人？言之所以为言者，信也。言而不信，何以为言？

【典出】先秦《春秋穀梁传·僖公二十二年》

【原文】同引用。

【释义】人之所以成为人，是因为能言语。如果不能言语，何以称为人？言语之所以有意义，是因为能表达承诺。如果言而无信，言语再多也没有意义。

廿八

农历乙巳年 农历六月初四

2025 年 6 月 28 日　星期六

人皆可以为尧舜。

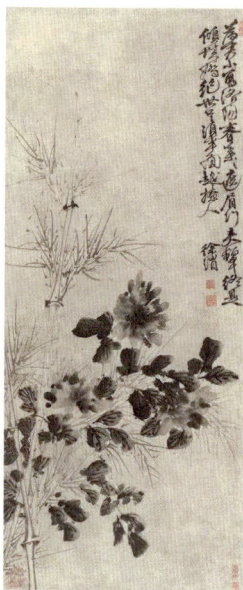

【典出】先秦《孟子·告子下》

【原文】同引用。

【释义】只要肯努力去做，人人都可以成为尧舜那样的大圣人。

廿九

农历乙巳年 农历六月初五

2025 年 6 月 29 日　星期日

仁者无敌。

平元丰遭白家音
水灾害退于戊死
之闲兴造城郭是

【典出】先秦《孟子·梁惠王上》

【原文】同引用。

【释义】施行仁政的君王，必然赢得民众的拥戴；上下一心，众志成城，是无敌于天下的。

廿

日

六 月

农历乙巳年 农历六月初六

2025 年 6 月 30 日　星期一

揚帆乘逸興登舟
回首雲林悵若遺
戲取詩語之略口邊
自揣妄題真閒間
江南印象
戊子冬日菱如堂

七月

云收雨过波添，
楼高水冷瓜甜，
绿树阴垂画檐。
纱厨藤簟，
玉人罗扇轻缣。

—— 《天净沙·夏》【元】白朴

2025年·农历乙巳年

仁者乐山，智者乐水。

【典出】先秦《论语·雍也》

【原文】子曰："知者乐水，仁者乐山。知者动，仁者静。知者乐，仁者寿。"

【释义】仁慈的人喜好山的稳重，智慧的人喜好水的灵动。仁者如山一样沉稳安静，智者如水一样灵活变化。

一日

农历乙巳年 农历六月初七

建党节

2025 年 7 月 1 日　星期二

仁义忠信，乐善不倦。

【典出】先秦《孟子·告子上》

【原文】有天爵者，有人爵者。仁义忠信，乐善不倦，此天爵也；公卿大夫，此人爵也。

【释义】有天赐的爵位，也有人授的爵位。遵从仁义忠信，不厌倦地乐于行善，这是天赐的爵位；公卿大夫，这是人授的爵位。

二日

农历乙巳年 农历六月初八

2025 年 7 月 2 日　星期三

人不率则不从，身不先则不信。

【典出】元《宋史·宋祁传》

【原文】同引用。

【释义】在上位的人如果自己不作表率，下面的人就不会跟从；如果自己不身先力行，下面的人就不会信服。

三日

农历乙巳年 农历六月初九

2025 年 7 月 3 日　星期四

人谁无过？过而能改，善莫大焉。

【典出】先秦《左传·宣公二年》
【原文】同引用。
【释义】人都有可能犯错，重要的是犯错之后能够改正，这是最大的善行。

四日

农历乙巳年 农历六月初十

2025 年 7 月 4 日　星期五

人材者，求之则愈出，置之则愈匮。

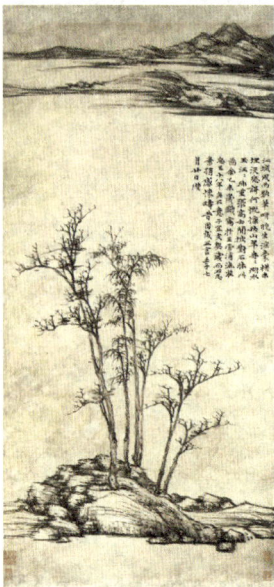

【典出】清·魏源《默觚·治篇》
【原文】同引用。
【释义】对于人才，越求贤若渴就会越来越多，越弃之不用就会越来越少。

五

日

农历乙巳年 农历六月十一

2025 年 7 月 5 日　星期六

人心似铁，官法如炉。

【典出】明·冯梦龙《警世通言》

【原文】同引用。

【释义】任人心中冷酷如铁，终扛不住法律的熔炉。法治之
下，任何人都不能心存侥幸，都不能指望法外施恩。

六
日

农历乙巳年 农历六月十二

2025 年 7 月 6 日　星期日

任重者其忧不可以不深，位高者其责不可以不厚。

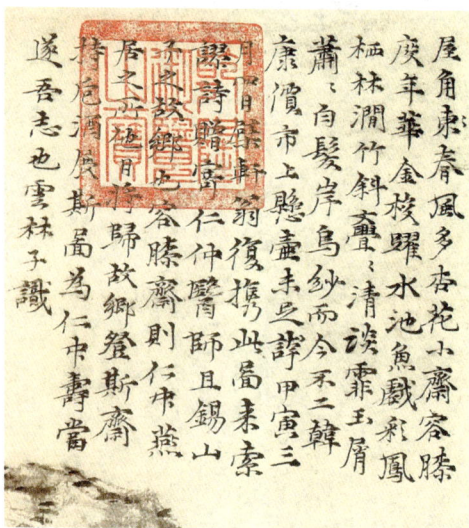

【典出】北宋·王安石《节度使加宣徽使制》
【原文】同引用。

【释义】担大任的人，忧虑不能不深，地位高的人，责任不能不大，即在其位必须谋其政，权力越大，责任越重。

小暑

农历乙巳年 农历六月十三

2025 年 7 月 7 日　星期一

人才自古要养成，放使干霄战风雨。

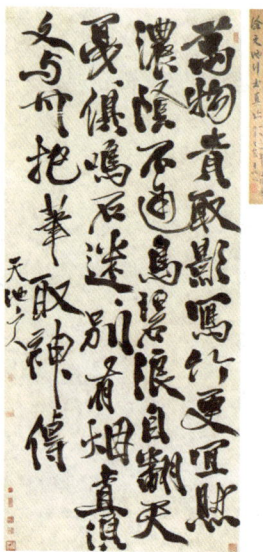

【典出】南宋·陆游《苦笋》

【原文】我见魏徵殊媚妩，约束儿童勿多取。人才自古要养成，放使干霄战风雨。

【释义】人才自古以来都是培养而成的，应该放手让他们深入实践，经受锻炼。

八

日

农历乙巳年 农历六月十四

2025 年 7 月 8 日　星期二

日月不肯迟，四时相催迫。

【典出】东晋·陶渊明《杂诗十二首·其七》
【原文】同引用。
【释义】每一天都过得很快，一年也过得很快，我们应该珍惜时光，不虚度光阴。

九
日

农历乙巳年 农历六月十五

2025 年 7 月 9 日　星期三

日日行，不怕千万里；
常常做，不怕千万事。

【典出】清·金缨《格言联璧·处事类》
【原文】同引用。
【释义】只要每天坚持行走，就不怕万里征途；只要坚持做事，就不怕事情繁多。

十日

农历乙巳年 农历六月十六

2025 年 7 月 10 日　星期四

仁者不乘危以邀利，智者不侥幸以成功。

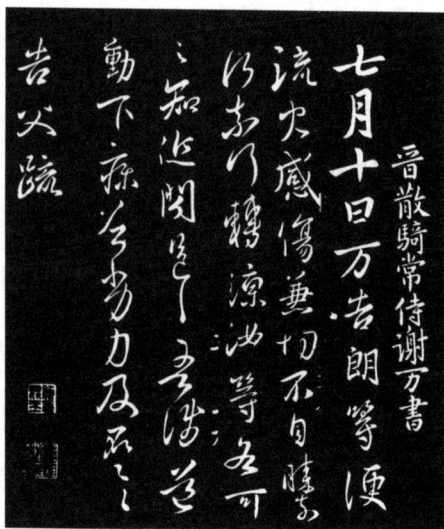

【典出】明·冯梦龙《东周列国志》

【原文】同引用。

【释义】仁义的人不乘人之危以求取利益，有智慧的人不求侥幸以获得成功。

十一

农历乙巳年 农历六月十七

2025 年 7 月 11 日　星期五

史者，所以明夫治天下之道也。

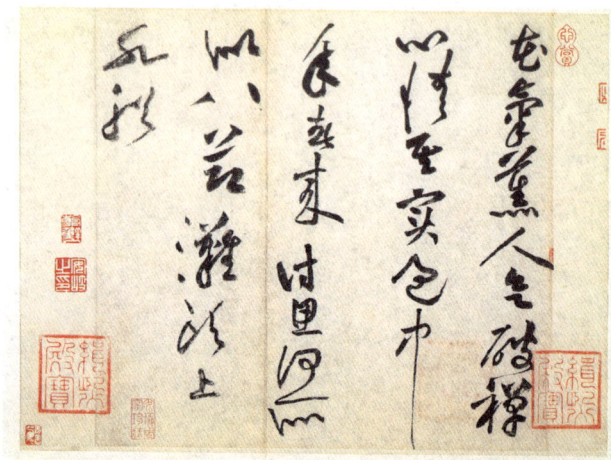

【典出】北宋·曾巩《〈南齐书〉目录序》
【原文】盖史者，所以明夫治天下之道也。
【释义】历史可以阐明治国安邦的原则和方法。

十二

农历乙巳年 农历六月十八

2025 年 7 月 12 日　星期六

石可破也，而不可夺坚；丹可磨也，而不可夺赤。

【典出】先秦·吕不韦《吕氏春秋·季冬纪·诚廉》
【原文】同引用。
【释义】石头可以被击破打碎，但不可以改变它坚硬的质地；朱砂可以被研磨耗损，但不可以改变它赤红的色彩。以石之坚、丹之赤为喻，说明具有高洁品质的人不会因外界压力改变信念操守，即使粉身碎骨，本性依旧。

十三

农历乙巳年 农历六月十九

2025 年 7 月 13 日　星期日

士之为人，当理不避其难，临患忘利，遗生行义，视死如归。

【典出】先秦·吕不韦《吕氏春秋》
【原文】同引用。
【释义】读书明理的贤士，应该坚持真理，不躲避危难，面临灾祸不计较个人利益，宁愿舍弃生命也要履行道义，视死如归。

十四

农历乙巳年 农历六月二十

2025 年 7 月 14 日　星期一

审度时宜，虑定而动，天下无不可为之事。

【典出】明·张居正《答宣大巡抚吴环洲策黄酋》

【原文】同引用。

【释义】审时度势，凡事深思熟虑后再付诸行动，如此天下就没有做不成的事情。

十五

农历乙巳年 农历六月廿一

2025 年 7 月 15 日　星期二

善恶随人作，祸福自己招。

【典出】明《增广贤文》

【原文】同引用。

【释义】好事坏事都是自己做的，灾祸幸福也全是由自己的
言行招来的。

十六

农历乙巳年 农历六月廿二

2025 年 7 月 16 日　星期三

顺天时，量地利，则用力少而成功多。

【典出】南北朝·贾思勰《齐民要术》

【原文】同引用。

【释义】顺应天时，裁量地利，根据规律办事，就可以用较少的力收获更多成功。

十七

农历乙巳年 农历六月廿三

2025 年 7 月 17 日　星期四

事必有法，然后可成。

【典出】南宋·朱熹《四书章句集注·孟子集注》
【原文】此章言事必有法，然后可成，师舍是则无以教，弟子舍是则无以学。
【释义】一切事物都有其规律和方法，只有找到方法，做事情才能成功。

十八

农历乙巳年 农历六月廿四

2025 年 7 月 18 日　星期五

上下同欲者胜。

【典出】先秦·孙武《孙子兵法·谋攻篇》

【原文】故知胜有五：知可以战与不可以战者胜，识众寡之用者胜，上下同欲者胜，以虞待不虞者胜，将能而君不御者胜。

【释义】君臣上下齐心协力，目标一致，这样的国家才能在外交和战争中获胜。

十九

农历乙巳年 农历六月廿五

2025 年 7 月 19 日　星期六

上下不和，令乃不行。

【典出】先秦《管子·形势》

【原文】上失其位，则下逾其节。上下不和，令乃不行。

【释义】上下关系不和睦，政令就不能实行。

廿

日

农历乙巳年 农历六月廿六

2025 年 7 月 20 日　星期日

世不患无法，而患无必行之法也。

【典出】西汉·桓宽《盐铁论·申韩》
【原文】同引用。
【释义】社会不担心没有法令，而是担心没有坚决执行的法令。意思是无法可以制定，有法不执行会造成严重损害。

廿一

农历乙巳年 农历六月廿七

2025 年 7 月 21 日　星期一

随时以举事，因资而立功，用万物之能而获利其上。

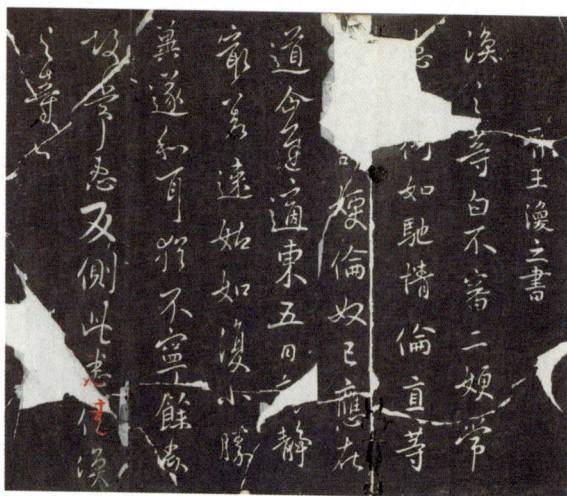

【典出】先秦《韩非子·喻老》

【原文】随时以举事，因资而立功，用万物之能而获利其上，故曰："不为而成。"

【释义】根据时机来办事，依靠条件来立功，利用万物的特征而在此基础上获利，所以说"不为而成"。

大暑

农历乙巳年 农历六月廿八

2025 年 7 月 22 日　星期二

水至清则无鱼，人至察则无徒。

【典出】西汉·戴德《大戴礼记·子张问入官篇》
【原文】故水至清则无鱼，人至察则无徒。
【释义】水过于清澈则没有鱼儿生存，人过于苛求完美则难以有朋友。

廿三

农历乙巳年 农历六月廿九

2025 年 7 月 23 日　星期三

善治天下者，必明于天下之情，而后得御天下之术。

【典出】北宋·苏辙《栾城应诏集·君术》
【原文】同引用。
【释义】善于治理天下的人，一定要明白天下的实际情况，然后才能掌握治理天下的方法。

廿四

七 月

农历乙巳年 农历六月三十

2025 年 7 月 24 日　星期四

善不可失，恶不可长。

【典出】先秦《左传·隐公六年》

【原文】同引用。

【释义】好事不能轻易放弃，坏事则不能放任它滋长。

廿五

农历乙巳年 农历闰六月初一

2025 年 7 月 25 日　星期五

少年辛苦终身事，莫向光阴惰寸功。

【典出】唐·杜荀鹤《题弟侄书堂》
【原文】同引用。
【释义】年轻时勤奋努力必将终身受益，岁月匆匆，切莫懒惰懈怠，虚度光阴。

廿六

农历乙巳年 农历闰六月初二

2025 年 7 月 26 日　星期六

善除害者察其本，善理疾者绝其源。

【典出】唐·白居易《策林一·兴五福销六极》

【原文】然臣窃闻善除害者察其本，善理疾者绝其源。伏惟陛下欲纾人之忧，先念忧之所自；欲救人之病，先思病之。

【释义】善于铲除祸害的人，总是先查找祸害发生的根源；善于调理疾病的人，总是先断绝疾病产生的源头。

廿七

农历乙巳年 农历闰六月初三

2025 年 7 月 27 日　星期日

圣人无常心，以百姓心为心。

【典出】先秦·老子《道德经·第四十九章》
【原文】同引用。
【释义】要成为一个圣人，就不能有个人意志，而要以百姓的意志为意志。

廿八

农历乙巳年 农历闰六月初四

2025 年 7 月 28 日　星期一

试玉要烧三日满，辨材须待七年期。

【典出】唐·白居易《放言五首·其三》

【原文】赠君一法决狐疑，不用钻龟与祝蓍。试玉要烧三日满，辨材须待七年期。周公恐惧流言日，王莽谦恭未篡时。向使当初身便死，一生真伪复谁知?

【释义】测试玉的质地，要火烧足足三天；辨别好的木材，至少让树成长七年。

廿九

农历乙巳年 农历闰六月初五

2025 年 7 月 29 日　星期二

书到用时方恨少，事非经过不知难。

【典出】明《增广贤文》
【原文】同引用。
【释义】真到用的时候，才悔恨读书太少；不亲身经历，不知道做事的困难。

世日

农历乙巳年 农历闰六月初六

2025 年 7 月 30 日　星期三

时危见臣节，世乱识忠良。

【典出】南北朝·鲍照《代出自蓟北门行》

【原文】同引用。

【释义】时局危险之时，可以看清臣子的节操；世事混乱之际，可以辨识谁是忠良。

廿一

农历乙巳年 农历闰六月初七

2025 年 7 月 31 日　星期四

湖山清興

永强先生属粲

笔之夏賓虹庚寅

八月

2025年·农历乙巳年

纤云弄巧，飞星传恨，银汉迢
迢暗度。金风玉露一相逢，便
胜却人间无数。

柔情似水，佳期如梦，忍顾鹊
桥归路。两情若是久长时，又
岂在朝朝暮暮。

——《鹊桥仙·纤云弄巧》

【宋】秦观

十羊九牧，其事难行。

【典出】五代《旧唐书·刘子玄传》
【原文】十羊九牧，其事难行；一国三公，适从焉在？
【释义】十只羊倒有九个牧羊人，这样的事是很难办得好的。

一

日

农历乙巳年 农历闰六月初八

建军节

2025 年 8 月 1 日　星期五

善读书者，始乎博，终乎约。

【典出】清·汪琬《传是楼记》
【原文】同引用。
【释义】善于读书的人，从广博泛览开始，最后以深入专一
为目的。

二日

农历乙巳年 农历闰六月初九

2025 年 8 月 2 日　星期六

适己而忘人者，人之所弃；
克己而立人者，众之所戴。

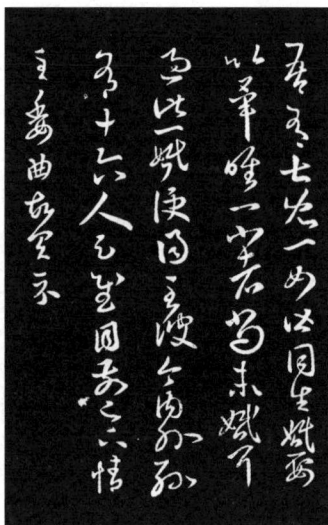

【典出】明·方孝孺《家人箴》

【原文】同引用。

【释义】只为自己不顾他人的人，众人会离他而去。约束自己而成就他人的人，众人会拥戴他。

三

日

农历乙巳年 农历闰六月初十

2025 年 8 月 3 日　星期日

事必专任，乃可责成；
力无他分，乃能就绪。

【典出】明·张居正《请专官纂修疏》
【原文】同引用。
【释义】做每件事都要任用专人，才可以求得成功；一个人的精力不被杂务分散，才能够把事情安排妥当。

四日

农历乙巳年 农历闰六月十一

2025 年 8 月 4 日　星期一

天地之大，黎元为本。

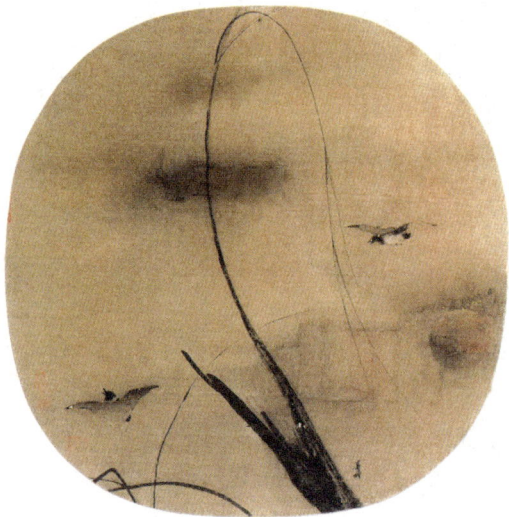

【典出】唐·李世民《晋宣帝总论》
【原文】同引用。
【释义】天地广袤无垠，黎民百姓是国家根本。

五
日

农历乙巳年 农历闰六月十二

2025 年 8 月 5 日   星期二

天下之事，未尝不败于专而成于共。

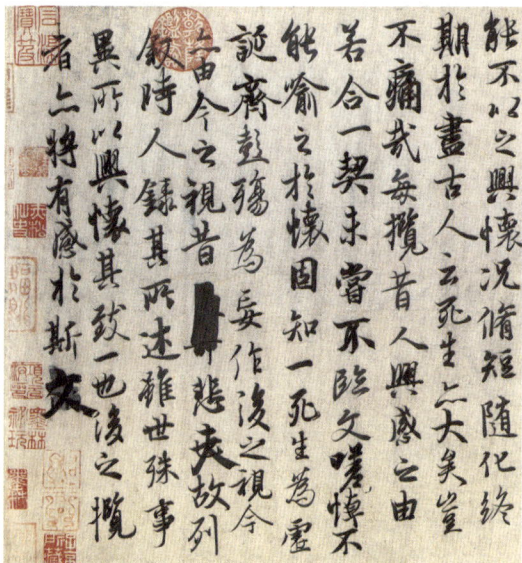

【典出】北宋·司马光《张共字大成序》
【原文】同引用。
【释义】天下的事情大都败于独断专行而成于团结协力。

六日

农历乙巳年 农历闰六月十三

2025 年 8 月 6 日　星期三

贪如火，不遏则自焚；
欲如水，不遏则自溺。

【典出】先秦《韩非子》

【原文】同引用。

【释义】贪婪就像火一样，如果不加以控制，就会燃烧成燎原之势；欲望就像水一样，如果不加以遏制，就会泛滥成灾。这句话常被用来警示人们要克制自己的贪欲和欲望，强调了自我约束和自我控制的重要性。

立秋

农历乙巳年 农历闰六月十四

2025 年 8 月 7 日　星期四

天下之难持者莫如心，天下之易染者莫如欲。

【典出】南宋·朱熹《孟子精义》
【原文】同引用。
【释义】天下最难把持的是人的内心，最容易被沾染的是人的欲望。

八日

农历乙巳年 农历闰六月十五

2025 年 8 月 8 日　星期五

天行健，君子以自强不息。

【典出】先秦《周易·乾》

【原文】天行健，君子以自强不息。地势坤，君子以厚德
载物。

【释义】天体运行刚健有力，君子应当效仿天道，不断自我
强化，永不停息。

九

日

农历乙巳年 农历闰六月十六

2025 年 8 月 9 日　星期六

听其自流，待其自生，则鲧禹之功不立，而后稷之智不用。

【典出】西汉·刘安《淮南子·修务训》

【原文】夫地势水东流，人必事焉，然后水潦得谷行；禾稼春生，人必加功焉，故五谷得遂长。听其自流，待其自生，则鲧禹之功不立，而后稷之智不用。

【释义】假若听任水自流，待苗自长，那么鲧和禹的功绩无从建立，后稷的智慧也就没有用了。

十
日

农历乙巳年 农历闰六月十七

2025 年 8 月 10 日　星期日

桃李盛时虽寂寞，雪霜多后始青葱。

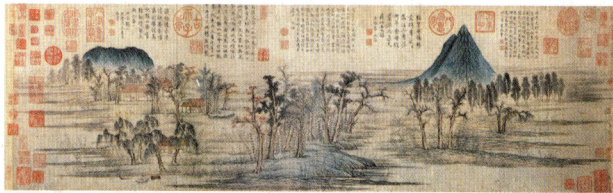

【典出】唐·李商隐《题小松》

【原文】怜君孤秀植庭中，细叶轻阴满座风。桃李盛时虽寂寞，雪霜多后始青葱。一年几变枯荣事，百尺方资柱石功。为谢西园车马客，定悲摇落尽成空。

【释义】桃李争芳吐艳时虽然默默无闻，但霜雪降下后却生长得郁郁葱葱。

十一

农历乙巳年 农历闰六月十八

2025 年 8 月 11 日　星期一

太山之高，背而弗见；
秋毫之末，视之可察。

【典出】西汉·刘安《淮南子·说林训》
【原文】同引用。
【释义】雄伟高耸如泰山，若是背对着必然也看不见它；渺
小细微如秋毫之末，只要仔细观察，也能看得清楚。

十二

农历乙巳年 农历闰六月十九

2025 年 8 月 12 日　星期二

同心而共济，始终如一，此君子之朋也。

【典出】北宋·欧阳修《朋党论》
【原文】同引用。
【释义】齐心协力，共同成就事业，从头到尾都不曾改变，
这是君子可以交的朋友。

十三

农历乙巳年 农历闰六月二十

2025 年 8 月 13 日　星期三

天下之治乱，不在一姓之兴亡，而在万民之忧乐。

【典出】明·黄宗羲《明夷待访录》
【原文】同引用。
【释义】国家的安定或者混乱，不在于一姓的兴亡，而在于天下人民是痛苦还是欢乐。

十四

农历乙巳年 农历闰六月廿一

2025 年 8 月 14 日　星期四

土能浊河，而不能浊海；
风能拔木，而不能拔山。

【典出】唐·罗隐《两同书·厚薄第五》

【原文】同引用。

【释义】泥土能使河水浑浊，却不能使海水浑浊；大风能把树木拔起，却不能把高山拔起。

十五

农历乙巳年 农历闰六月廿二

2025 年 8 月 15 日　星期五

贪则多失，忿则多难，急则多蹶。

【典出】明·冯梦龙《东周列国志》

【原文】贪则多失，忿则多难，急则多蹶。夫审大小而图之，乌用贪？衡彼己而施之，乌用忿？酌缓急而布之，乌用急？

【释义】贪婪反而会失去，气愤招致灾难，性急容易受挫。

十六

农历乙巳年 农历闰六月廿三

2025 年 8 月 16 日　星期六

天见其明，地见其光，君子贵其全也。

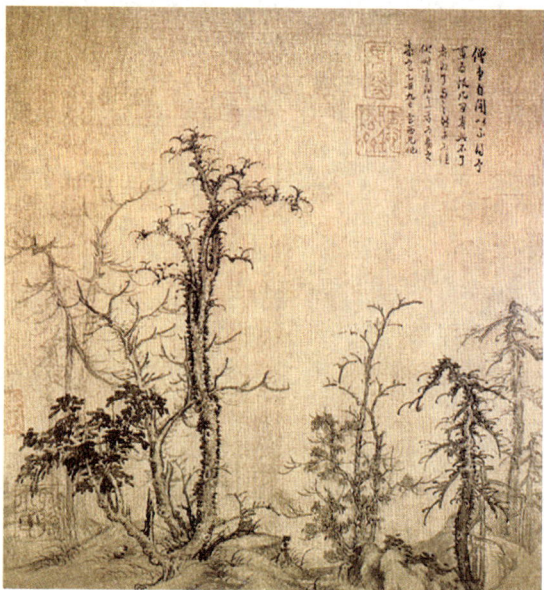

【典出】先秦《荀子·劝学》

【原文】同引用。

【释义】天呈现出的是光明，地呈现出的是广阔，君子既要有光明的品格又要有广阔的胸怀。

十七

农历乙巳年 农历闰六月廿四

2025 年 8 月 17 日　星期日

天下事有难易乎？为之，则难者亦易矣；不为，则易者亦难矣。

【典出】清·彭端淑《为学》
【原文】同引用。
【释义】天下的事有难与易的区分吗？你去做了，那么难的也变成容易的了；不去做，那么容易的也变成难的了。

十八

农历乙巳年 农历闰六月廿五

2025 年 8 月 18 日　星期一

万人操弓，共射一招，招无不中。

【典出】先秦·吕不韦《吕氏春秋》
【原文】同引用。
【释义】众人拿着弓箭，共同射向一个目标，这个目标没有
射不中的。

十九

农历乙巳年 农历闰六月廿六

2025 年 8 月 19 日　星期二

文变染乎世情，兴废系乎时序。

【典出】南北朝·刘勰《文心雕龙·时序》
【原文】故知文变染乎世情，兴废系乎时序，原始以要终，
虽百世可知也。
【释义】文学的变化受到社会情况的影响，其兴衰与时代发
展密切联系。

廿日

农历乙巳年 农历闰六月廿七

2025 年 8 月 20 日　星期三

畏于己者，不制于彼。

【典出】唐·孙思邈《千金要方》

【原文】同引用。

【释义】对待自己能够严格要求，就不会被别人所牵制。

廿一

农历乙巳年 农历闰六月廿八

2025 年 8 月 21 日　星期四

未闻枉己而能正人者也。

【典出】西汉·刘安《淮南子·诠言训》
【原文】同引用。
【释义】还没有听说自己行为不端还能去纠正别人错误的。

廿二

农历乙巳年 农历闰六月廿九

2025 年 8 月 22 日　星期五

未有不能自足而能足人者也，未有不能自治而能治人者也。

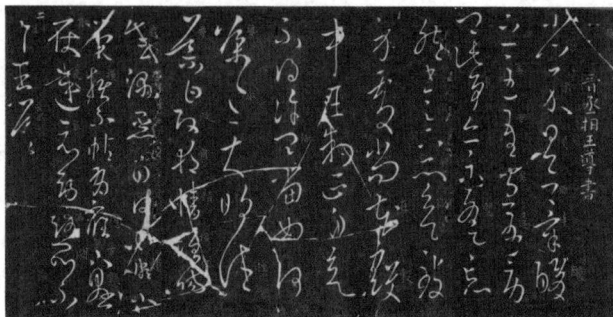

【典出】西汉·桓宽《盐铁论·贫富》

【原文】同引用。

【释义】不能满足自己的，怎能满足别人呢？不能管理自己的，怎能管理好别人呢？

處暑

农历乙巳年 农历七月初一

2025 年 8 月 23 日　星期六

毋意，毋必，毋固，毋我。

【典出】先秦《论语·子罕》
【原文】同引用。
【释义】不任性，不死板，不固执，不自以为是。

廿四

农历乙巳年 农历七月初二

2025 年 8 月 24 日 星期日

为政之道，以顺民心为本，以厚民生为本，以安而不扰为本。

【典出】北宋·程颢《代吕公著应诏上神宗皇帝书》
【原文】同引用。
【释义】处理政务的方法，要以顺应人民的愿望为根本，以丰厚人民的生活为根本，以安定而不扰动为根本。

廿五

农历乙巳年 农历七月初三

2025 年 8 月 25 日　星期一

勿以身贵而贱人，勿以独见而违众，勿以辩说为必然。

【典出】先秦《六韬·龙韬》

【原文】同引用。

【释义】不要因为身份尊贵就轻视他人，不要认为自己意见独到而违背众意，不要由于能言善辩而自以为是。

廿六

农历乙巳年 农历七月初四

2025 年 8 月 26 日　星期二

为政之要，惟在得人；
用非其才，必难致治。

【典出】唐·吴兢《贞观政要》

【原文】同引用。

【释义】治国为政的要务，在于发现人才；如果所任用的人没有才能，一定难以达到天下太平。

廿七

农历乙巳年 农历七月初五

2025 年 8 月 27 日　星期三

为政之道，务于多闻。

【典出】三国·诸葛亮《便宜十六策·视听》
【原文】同引用。
【释义】治理国家的一条法则：务求听取各种意见。

廿八

农历乙巳年 农历七月初六

2025 年 8 月 28 日　星期四

为政以德，譬如北辰，居其所而众星共之。

【典出】先秦《论语·为政》

【原文】同引用。

【释义】用道德来治国理政，就像北极星一样，别的星辰都会围绕着它。

廿九

农历乙巳年 农历七月初七

七夕节

2025 年 8 月 29 日　星期五

政以安民为本，不以修饰为先。

【典出】三国·诸葛亮《诸葛武侯集》

【原文】同引用。

【释义】治理国家以使百姓安居为根本方略，不以繁文虚饰
为首要之务。

世日

农历乙巳年 农历七月初八

2025 年 8 月 30 日　星期六

为政：不在用一己之长，而贵于有以来天下之善。

東晉簡文帝書

昱白所示慶賜事具乙此
莫大之祀天下大慶得率由
舊章慰若民望甚為盡
善但奢則不適於時儉則
陋而不典正當斟酌其宜令
得會中耳

【典出】南宋·朱熹《四书集注》
【原文】同引用。
【释义】治理国家，不在于发挥你一个人的长处，难能可贵的是要招揽天下所有善者。

卅一

农历乙巳年　农历七月初九

2025 年 8 月 31 日　星期日

九月

2025年·农历乙巳年

明月几时有？把酒问青天。不知天上宫阙，今夕是何年。我欲乘风归去，又恐琼楼玉宇，高处不胜寒。起舞弄清影，何似在人间。

——《水调歌头·丙辰中秋》

【宋】苏轼

勿轻直折剑，犹胜曲全钩。

【典出】唐·白居易《折剑头》

【原文】同引用。

【释义】不要轻视那折断了的直剑，它比弯曲的全钩还要强硬。劝诫人们要保持刚正不阿的品质，切不可失节苟且偷生。

一

日

农历乙巳年 农历七月初十

2025 年 9 月 1 日　星期一

为国不患于无人，有人而不用之为患。

【典出】北宋·苏轼《赐新除中大夫守尚书右丞王存辞免恩命不许断来章批答》
【原文】同引用。
【释义】治理国家不担心没有人才，担心的是有了人才却不被使用。

二日

农历乙巳年 农历七月十一

2025 年 9 月 2 日　星期二

为学之道，必本于思。

【典出】北宋·晁说之《晁氏客语》
【原文】为学之道，必本于思。思则得之，不思则不得也。
【释义】学习必须以思考为根本，思考就能有收获，不思考就无所获。

三

日

农历乙巳年 农历七月十二

2025 年 9 月 3 日　星期三

畏则不敢肆而德以成，无畏则从其所
欲而及于祸。

【典出】明·吕坤《呻吟语》

【原文】同引用。

【释义】心中有所敬畏，言行不敢放纵，才能养成美好的德
行操守。反之，心中无戒惧，就会肆意妄为，招致祸端。

四
日

农历乙巳年 农历七月十三

2025 年 9 月 4 日　星期四

惟江上之清风与山间之明月，耳得之而为声，目遇之而成色，取之无禁，用之不竭。

【典出】北宋·苏轼《赤壁赋》

【原文】同引用。

【释义】只有江上的清风以及山间的明月，送到耳边便听到声音，进入眼帘便绘出形色，取得这些不会有人禁止，享用这些也不会有竭尽之时。

五日

农历乙巳年 农历七月十四

2025 年 9 月 5 日　星期五

万物并育而不相害，道并行而不相悖。

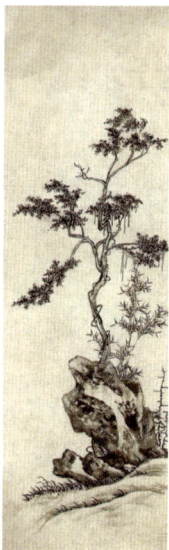

【典出】先秦《中庸》

【原文】万物并育而不相害，道并行而不相悖。小德川流，大德敦化。

【释义】万物一起生长而互不妨害，道路同时并行而互不冲突。

六
日

农历乙巳年 农历七月十五

2025 年 9 月 6 日　星期六

无欲速，无见小利。欲速则不达，见小利则大事不成。

【典出】先秦《论语·子路》

【原文】子夏为莒父宰，问政。子曰："无欲速，无见小利。欲速则不达，见小利则大事不成。"

【释义】做事不要求速成，不要贪图小利。求速成往往不能达到目的，贪图小利则往往办不成大事。

白露

农历乙巳年 农历七月十六

2025 年 9 月 7 日　星期日

物有本末，事有终始，
知所先后，则近道矣。

【典出】先秦《礼记·大学》
【原文】同引用。
【释义】事物有本有末，事情有始有终，明白它们的先后次
序，就接近事物的规律了。

八
日

农历乙巳年 农历七月十七

2025 年 9 月 8 日　星期一

为国也，观俗立法则治，察国事本则宜。

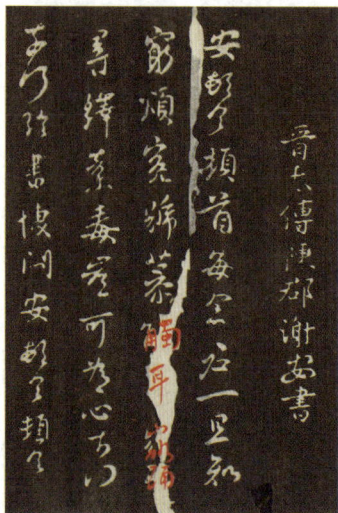

【典出】先秦·商鞅《商君书·算地》

【原文】为国也，观俗立法则治，察国事本则宜。不观时俗，不察国本，则其法立而民乱，事剧而功寡。

【释义】治理国家，只有在充分考察风俗人情的基础上，才能制定合适的法规；只有在弄清国情的基础上，才能抓住国家的根本任务。

九日

农历乙巳年 农历七月十八

2025 年 9 月 9 日　星期二

为国者，必先知民之所苦，祸之所起，然后设之以禁。

【典出】东汉·王符《潜夫论·述赦》
【原文】同引用。
【释义】治理国家的人，一定要先知道老百姓所痛恨的是什么，能引起祸患的因素是什么，然后想方设法禁止这些事。

十日

农历乙巳年 农历七月十九

教师节

2025 年 9 月 10 日　星期三

我劝天公重抖擞，不拘一格降人才。

【典出】清·龚自珍《己亥杂诗》

【原文】九州生气恃风雷，万马齐喑究可哀。我劝天公重抖擞，不拘一格降人才。

【释义】我劝天公重新振奋精神，打破常规任用提拔人才。

十一

农历乙巳年 农历七月二十

2025 年 9 月 11 日　星期四

为国者不可以生事，亦不可以畏事。

【典出】北宋·苏轼《因擒鬼章论西羌夏人事宜札子》

【原文】夫为国不可以生事，亦不可以畏事。畏事之弊，与生事均。譬如无病而服药，与有病而不服药，皆可以杀人。夫生事者，无病而服药也。畏事者，有病而不服药也。

【释义】治理国家不能故意生事，但也不能胆小怕事。

十

二

农历乙巳年 农历七月廿一

2025 年 9 月 12 日　星期五

为一身谋则愚，而为天下则智。

【典出】北宋·苏洵《审敌》
【原文】同引用。
【释义】为自身一人着想是愚蠢的，为天下人着想才是聪明的。

十三

农历乙巳年 农历七月廿二

2025 年 9 月 13 日　星期六

物必先腐，而后虫生。

【典出】北宋·苏轼《范增论》

【原文】物必先腐也，而后虫生之；人必先疑也，而后谗
入之。

【释义】东西一定是自己先腐烂，蛀虫才能生出来。

十四

农历乙巳年 农历七月廿三

2025 年 9 月 14 日　星期日

为人择官者乱，为官择人者治。

【典出】三国·诸葛亮《便宜十六策》

【原文】夫失贤而不危，得贤而不安，未之有也。为人择官
者乱，为官择人者治。

【释义】根据人选来安排官职就会引起混乱，根据官职来安
排人选就会有条不紊。

十五

农历乙巳年 农历七月廿四

2025 年 9 月 15 日　星期一

为学务根柢，行文净冰雪。

【典出】清·顾嗣立《读元史》

【原文】为学务根柢，行文净冰雪。古藻扬清光，煌煌照碑碣。

【释义】搞学问要注重根柢扎实，作文章要力求洁净明白。

十六

农历乙巳年 农历七月廿五

2025 年 9 月 16 日　星期二

小惩而大诫，此小人之福也。

【典出】先秦《易经·系辞下》
【原文】同引用。
【释义】受到小的责备，而能加倍地警惕，这就因祸得福了。

十七

农历乙巳年 农历七月廿六

2025 年 9 月 17 日　星期三

小不忍，则乱大谋。

【典出】先秦《论语·卫灵公》
【原文】同引用。
【释义】小事不忍耐，就会坏了大事。

十八

农历乙巳年 农历七月廿七

2025 年 9 月 18 日　星期四

修文德以来之，既来之，则安之。

【典出】先秦《论语·季氏》
【原文】故远人不服，则修文德以来之。既来之，则安之。
【释义】发扬文治教化招抚远方的人，他们既然来了，就得让他们安心。引申在处理国际关系和人际交往时应该注重道德和文化修养，以建立和谐稳定的关系。

十九

农历乙巳年 农历七月廿八

2025 年 9 月 19 日　星期五

胸中正，则眸子瞭焉。

【典出】先秦《孟子·离娄上》

【原文】存乎人者，莫良于眸子。眸子不能掩其恶。胸中正，则眸子瞭焉；胸中不正，则眸子眊焉。

【释义】一个人的眼睛是最能表现其内心状态的，当心地纯正时，眼睛就明亮。

廿
日

农历乙巳年 农历七月廿九

2025 年 9 月 20 日　星期六

先天下之忧而忧，后天下之乐而乐。

【典出】北宋·范仲淹《岳阳楼记》
【原文】同引用。
【释义】在天下人忧虑之前先忧虑，在天下人享乐之后才
享乐。

廿一

农历乙巳年 农历七月三十

2025 年 9 月 21 日　星期日

修己以敬，修己以安人，修己以安百姓。

【典出】先秦《论语·宪问》

【原文】子路问君子，子曰："修己以敬。"曰："如斯而已乎？"曰："修己以安人。"曰："如斯而已乎？"曰："修己以安百姓。修己以安百姓，尧、舜其犹病诸！"

【释义】提高自己的修养，恭敬地对待别人；提高自己的修养，让周围的人安乐；提高自己的修养，让老百姓安乐。

廿二

农历乙巳年 农历八月初一

2025 年 9 月 22 日　星期一

学如弓弩，才如箭镞。

【典出】清·袁枚《续诗品·尚识》

【原文】学如弓弩，才如箭镞，识以领之，方能中鹄。

【释义】学问的根基如弓，人的才能如箭。比喻没有学问，才能就无法发挥。

秋分

农历乙巳年 农历八月初二

2025 年 9 月 23 日　星期二

行之力则知愈进，知之深则行愈达。

【典出】南宋·张栻《论语解·序》
【原文】始则据其所知而行之，行之力则知愈进，知之深则行愈达。
【释义】最初根据自己的理解来行动，但认识会随着实践深入不断精进，反过来使行动变得更通达、更有方向感。

廿四

农历乙巳年 农历八月初三

2025 年 9 月 24 日　星期三

昔日之得不足以为矜，后日之成不容以自限。

【典出】清·顾炎武《初刻〈日知录〉自序》

【原文】盖天下之理无穷，而君子之志于道也，不成章不达。故昔日之得，不足以为矜；后日之成，不容以自限。

【释义】天下之理无穷无尽，过去取得的成就，不足以作为骄傲的资本；以后取得的成就，不能让它限制住了自己的进步。

廿五

农历乙巳年 农历八月初四

2025 年 9 月 25 日　星期四

习俗移志，安久移质。

【典出】先秦《荀子》
【原文】同引用。
【释义】习俗风尚能改变人的志向，长期安居能转变人的气质。指周围的环境、习俗、风气能够影响一个人的气质。

廿六

农历乙巳年 农历八月初五

2025 年 9 月 26 日　星期五

学而不思则罔，思而不学则殆。

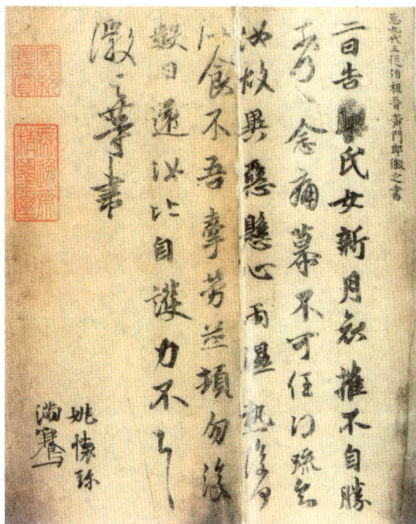

【典出】先秦《论语·为政》
【原文】子曰："学而不思则罔，思而不学则殆。"
【释义】只是学习而不思考就会迷茫，只是思考而不学习就会疑惑。

廿七

农历乙巳年 农历八月初六

2025 年 9 月 27 日　星期六

兄弟阋于墙，外御其侮。

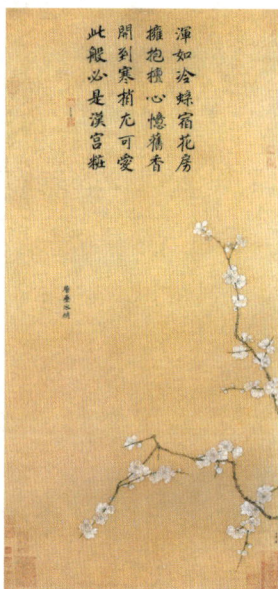

渾如洛蕊宿花房
擁抱積心憶舊香
開到寒梢无可愛
此般必是漢宮粧

【典出】先秦《诗经·小雅·常棣》

【原文】同引用。

【释义】家族内部虽有争执，但面对外敌时应一致对外，共
同抵御。

廿八

农历乙巳年 农历八月初七

2025 年 9 月 28 日　星期日

心术不可得罪于天地，言行要留好样
与儿孙。

【典出】清·金缨《格言联璧·齐家类》
【原文】同引用。
【释义】心术不可违背天地意志，言行举止要给子孙做榜样。

廿九

农历乙巳年 农历八月初八

2025 年 9 月 29 日　星期一

先立乎其大者，则其小者不能夺也。

【典出】先秦《孟子·告子上》

【原文】耳目之官不思，而蔽于物，物交物，则引之而已矣。心之官则思，思则得之，不思则不得也。此天之所与我者。先立乎其大者，则其小者不能夺也。此为大人而已矣。

【释义】先把重要的思想端正树立起来，其他的想法就不会被引入迷途。

卅

日

农历乙巳年 农历八月初九

2025 年 9 月 30 日　星期二

十月

2025年·农历乙巳年

薄雾浓云愁永昼，瑞脑销金兽。

佳节又重阳，玉枕纱橱，半夜凉初透。

东篱把酒黄昏后，有暗香盈袖。

莫道不销魂，帘卷西风，人比黄花瘦！

——《醉花阴·薄雾浓云愁永昼》

【宋】李清照

新故相推，日生不滞。

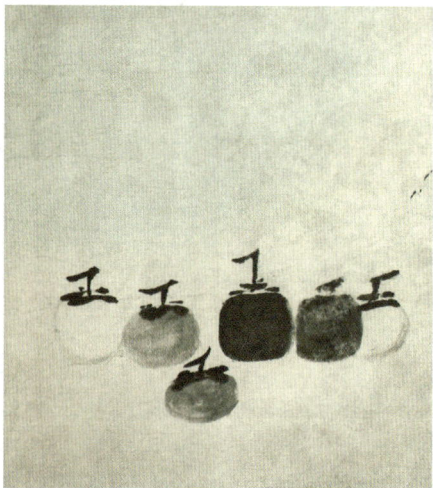

【典出】清·王夫之《尚书引义·太甲二》

【原文】形气者，亦受于天者也，非人之能自有也，而新故相推，日生不滞如斯矣。

【释义】新旧事物交替变更，不会随着时间的变化而停滞不前。

一

日

农历乙巳年 农历八月初十

国庆节

2025 年 10 月 1 日　星期三

虚心公听，言无逆逊，唯是之从。

【典出】元《宋史·王涣之传》

【原文】同引用。

【释义】以虚怀若谷的心态，公正不阿地听取意见，不论所言是逆耳还是顺心，只要是正确的都应当听从。

二
日

农历乙巳年 农历八月十一

2025 年 10 月 2 日　星期四

贤者处实则效功，亦非徒陈空文而已。

【典出】西汉·桓宽《盐铁论·非鞅》

【原文】言之非难，行之为难。故贤者处实而效功，亦非徒陈空文而已。

【释义】有道德有学问的人，讲求实际功效而不徒托空论。

三日

农历乙巳年 农历八月十二

2025 年 10 月 3 日　星期五

行百里者半九十。

【典出】西汉·刘向《战国策·秦策五·谓秦王》

【原文】诗云:"行百里者半于九十。"此言末路之难也。

【释义】一百里的路程,走到九十里也只能算是开始一半而已。比喻做事愈接近成功愈困难,愈要认真对待。常用以勉励人做事要善始善终。

四
日

农历乙巳年 农历八月十三

2025 年 10 月 4 日　星期六

学所以益才也，砺所以致刃也。

【典出】西汉·刘向《说苑·建本》

【原文】子思曰：学所以益才也，砺所以致刃也，吾尝幽处而深思，不若学之速；吾尝跂而望，不若登高之博见。故顺风而呼，声不加疾而闻者众；登丘而招，臂不加长而见者远。故鱼乘于水，鸟乘于风，草木乘于时。

【释义】要想增加才干，就要学习；要使刀刃锋利，就得勤加磨砺。

五
日

农历乙巳年 农历八月十四

2025 年 10 月 5 日　星期日

修其教不易其俗，齐其政不易其宜。

【典出】先秦《礼记·王制》

【原文】同引用。

【释义】对各地民众，应注重对他们进行礼义方面的教化，而无须改变他们原有的习俗；注重政令的统一，而无须改变他们的生活习惯。

六日

农历乙巳年 农历八月十五

中秋节

2025 年 10 月 6 日　星期一

修其心治其身，而后可以为政于天下。

【典出】北宋·王安石《洪范传》
【原文】同引用。
【释义】君子要先修心治身，充实德行，而后才能理政治国平天下。

七

日

农历乙巳年 农历八月十六

2025 年 10 月 7 日　星期二

修合无人见，存心有天知。

【典出】同仁堂信条
【原文】同引用。
【释义】在没有人监管的情况下做事，不要违背良心，不要见利忘义。因为你所做的一切上天都是知道的。

寒露

农历乙巳年 农历八月十七

2025 年 10 月 8 日　星期三

下之所以为，惟上是视。

【典出】元·张养浩《为政忠告》
【原文】大抵下之所以为，惟上是视，在上者诚有重民之心，而天下不治者，古今无有也。
【释义】一般情况下，下级都会参照效仿上级的言行举止。

九

日

农历乙巳年 农历八月十八

2025 年 10 月 9 日　星期四

学贵知疑，小疑则小进，大疑则大进。

【典出】明·陈献章《白沙子·与张廷实》

【原文】学贵知疑，小疑则小进，大疑则大进。疑者，觉悟之机也。

【释义】学习的可贵之处，在于思考怀疑。小的怀疑带来小的进步，大的怀疑带来大的进步。

十

日

农历乙巳年 农历八月十九

2025 年 10 月 10 日　星期五

幸于始者怠于终，缮其辞者嗜其利。

【典出】清·曹雪芹《红楼梦》
【原文】同引用。
【释义】在事情开始侥幸顺利的人，到后来就会怠惰；在某件事上肯费口舌的人，一定是贪图这件事带来的利益。

十
一

农历乙巳年 农历八月二十

2025 年 10 月 11 日　星期六

小来思报国，不是爱封侯。

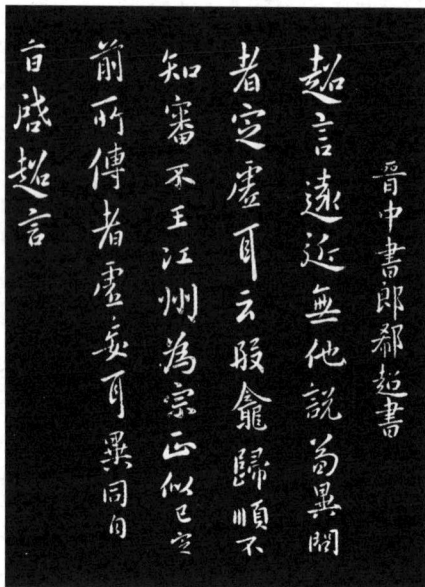

【典出】唐·岑参《关人赴安西》

【原文】上马带吴钩，翩翩度陇头。小来思报国，不是爱封侯。

【释义】从小就想着报效祖国，而不是想着要封侯当官。

十
二

农历乙巳年 农历八月廿一

2025 年 10 月 12 日　星期日

欲知平直，则必准绳；
欲知方圆，则必规矩。

【典出】先秦·吕不韦《吕氏春秋·自知》

【原文】同引用。

【释义】想要知道物体平直与否，一定要依靠水准墨线来检测；想要知道物体方圆与否，必须借助圆规矩尺来测量。喻指做人做事要遵循一定的标准、规则。

十

三

农历乙巳年 农历八月廿二

2025 年 10 月 13 日　星期一

以和为贵，和而不同。

【典出】先秦《论语·学而》

【原文】礼之用，和为贵。先王之道，斯为美；小大由之。
有所不行，知和而和，不以礼节之，亦不可行也。

【释义】在处理人际关系和社会事务时，以和谐为最高价值，
追求和谐但允许差异存在，不强求一致。

十四

农历乙巳年 农历八月廿三

2025 年 10 月 14 日　星期二

疑行无成，疑事无功。

【典出】先秦·商鞅《商君书·更法》

【原文】臣闻之：疑行无成，疑事无功。

【释义】行动迟疑不决，不会获得成功；做事举棋不定，不
会取得功绩。

十月

十

五

农历乙巳年 农历八月廿四

2025 年 10 月 15 日　星期三

以细行律身，不以细行取人。

【典出】清·魏源《默觚·治篇》

【原文】同引用。

【释义】在平时的言行中，要严格要求自己，但不以平时的细小言行来衡量人。

十六

农历乙巳年 农历八月廿五

2025 年 10 月 16 日　星期四

言之者无罪，闻之者足以戒。

【典出】先秦《诗经·大序》

【原文】主文而谲谏，言之者无罪，闻之者足以戒，故曰风。

【释义】提意见的人只要是善意的，即使提得不正确也是无罪的。听取意见的人即使没有对方所提的缺点、错误，也值得引以为戒。

十七

农历乙巳年 农历八月廿六

2025 年 10 月 17 日　星期五

以铜为镜，可以正衣冠；以古为镜，可以知兴替；以人为镜，可以明得失。

【典出】唐·吴兢《贞观政要·任贤》
【原文】同引用。
【释义】用铜镜可以整理衣冠，用历史可以明白国家兴亡的道理，用他人可以了解自己的得失。

十

八

农历乙巳年 农历八月廿七

2025 年 10 月 18 日　星期六

一心可以丧邦，一心可以兴邦，只在
公私之间尔。

【典出】北宋·程颢、程颐《二程集·河南程氏遗书·卷第
十一》

【原文】推此义，则一心可以丧邦，一心可以兴邦，只在公
私之间尔。

【释义】当政者是否具有公心，关乎国家兴亡。有了公心，
可以使国家兴盛；没有公心，一切从私心出发，会使国家
灭亡。

十九

农历乙巳年 农历八月廿八

2025 年 10 月 19 日　星期日

要以我用书，勿为书所绊。

【典出】清·彭兆荪《读书》
【原文】亦有淮阴侯，多多乃益办。要以我用书，勿为书所绊。
【释义】最要紧的是应该我去利用书，而不要被书本所束缚。

廿

日

农历 乙巳年 农历八月廿九

2025 年 10 月 20 日　星期一

有无相生，难易相成。

【典出】先秦·老子《道德经·第二章》

【原文】有无相生，难易相成，长短相形，高下相倾，音声相和，前后相随，恒也。

【释义】有和无互相转化，难和易互相形成。

廿一

农历乙巳年 农历九月初一

2025 年 10 月 21 日　星期二

有言责者，计万世是非，不计一时荣辱。

【典出】明·钱琦《钱公良测语·淳风》

【原文】同引用。

【释义】有进言职责的人，考虑的是永恒的是非，而不计较一时间的荣辱。

廿二

农历乙巳年 农历九月初二

2025 年 10 月 22 日　星期三

以实则治，以文则不治。

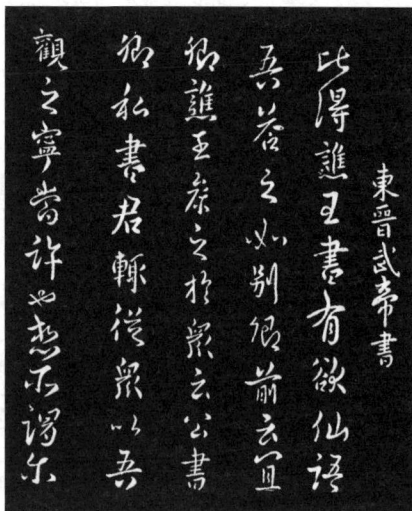

【典出】清·唐甄《潜书·权实》

【原文】然有治不治者，以实则治，以文则不治。若徒以文也，譬之优偶之戏，衣冠言貌，陈事辨理，无不合度，而岂其实哉！

【释义】为政最重要的是付诸实际行动，这样天下就可以太平；反之，为政如果文饰浮夸，百姓就不得安宁。

霜降

农历乙巳年 农历九月初三

2025 年 10 月 23 日　星期四

一花不是春，孤雁难成行。

【典出】明《古今贤文》

【原文】同引用。

【释义】只有一种花绽放，那不算是春天；只有一只大雁在飞，是无法排成队列的。这里强调团结合作的重要性。

廿四

农历乙巳年 农历九月初四

2025 年 10 月 24 日　星期五

一字之失，一句为之蹉跎。

【典出】清·刘淇《助字辨略》

【原文】一字之失，一句为之蹉跎；一句之误，通篇为其梗塞。

【释义】一个字的失误，会导致整个句子被浪费；一句话的失误，会导致整篇文章意思不通顺。

廿五

农历乙巳年 农历九月初五

2025 年 10 月 25 日　星期六

与天下同利者，天下持之；
擅天下之利者，天下谋之。

【典出】先秦《管子·版法解》

【原文】是故与天下同利者，天下持之；擅天下之利者，天
下谋之。天下所谋，虽立必隳；天下所持，虽高不危。

【释义】与天下人同利的，天下人就拥护他；独占天下人利
益的，天下人就图谋他。

廿六

农历乙巳年 农历九月初六

2025 年 10 月 26 日　星期日

仰不愧于天，俯不怍于人。

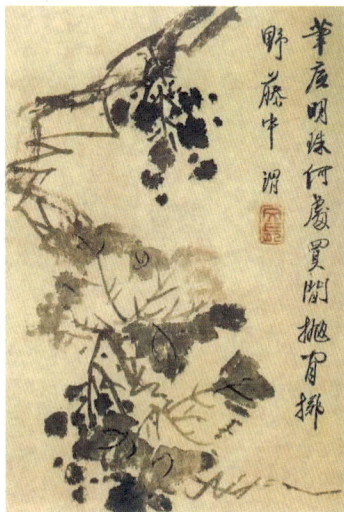

【典出】先秦《孟子·尽心上》

【原文】父母俱存，兄弟无故，一乐也；仰不愧于天，俯不怍于人，二乐也；得天下英才而教育之，三乐也。君子有三乐，而王天下不与存焉。

【释义】仰起头来看看觉得自己对天无愧，低下头去想想觉得自己不愧于别人。

廿七

农历乙巳年 农历九月初七

2025 年 10 月 27 日　星期一

有功必赏，有罪必罚，则为善者日进，为恶者日止。

【典出】北宋·司马光《资治通鉴·陈纪三》

【原文】同引用。

【释义】一定要奖赏有功劳的人，有罪过的人一定要受到惩罚，这样做好事的人就会一天比一天多，做坏事的人就会一天天变少。

廿

八

农历乙巳年 农历九月初八

2025 年 10 月 28 日　星期二

一粥一饭，当思来处不易；
半丝半缕，恒念物力维艰。

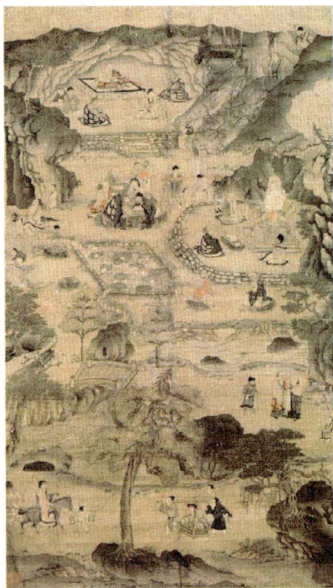

【典出】清·朱柏庐《朱子治家格言》
【原文】同引用。
【释义】一点点衣食都来之不易，应当经常想到物力的艰难
而加以珍惜。

廿九

农历乙巳年 农历九月初九

重阳节

2025 年 10 月 29 日　星期三

言之大甘，其中必苦。

【典出】先秦·左丘明《国语·晋语》
【原文】言之大甘，其中必苦。譖在中矣，君故生心。
【释义】话说得过分甜蜜的人，必定会使人吃大苦头。

卅

日

农历乙巳年 农历九月初十

2025 年 10 月 30 日　星期四

言而当，知也；默而当，亦知也。

【典出】先秦《荀子·非十二子》

【原文】言而当，知也；默而当，亦知也。故知默犹知言也。

【释义】说话说得得当，是明理和智慧的表现；不该说话的时候能沉默得得当，也是明理和智慧的表现。

廿一

农历乙巳年 农历九月十一

2025 年 10 月 31 日　星期五

十二月

千山鸟飞绝，
万径人踪灭。
孤舟蓑笠翁，
独钓寒江雪。

——《江雪》【唐】柳宗元

2025年·农历乙巳年

欲致鱼者先通水，欲致鸟者先树木。

【典出】西汉·刘安《淮南子·说山训》

【原文】欲致鱼者先通水，欲致鸟者先树木。水积而鱼聚，木茂而鸟集。

【释义】想引来鱼，就要先开通水道；想引来鸟，就要先种上树木。

一

日

农历乙巳年 农历九月十二

2025 年 11 月 1 日　星期六

一语不能践，万卷徒空虚。

【典出】明·林鸿《饮酒》

【原文】古人既已死，古道存遗书。一语不能践，万卷徒空虚。我愿但饮酒，不复知其余。君看醉乡人，乃在天地初。

【释义】假如一句话都不能付诸实践，纵然读万卷诗书也是枉然。

二日

农历乙巳年 农历九月十三

2025 年 11 月 2 日　星期日

遇事无难易，而勇于敢为。

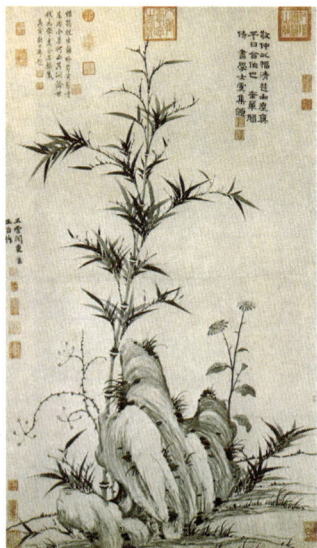

【典出】北宋·欧阳修《尹师鲁墓志铭》

【原文】遇事无难易，而勇于敢为，其所以见称于世者，亦所以取嫉于人，故其卒穷以死。

【释义】无论遇到事情困难还是容易，贵在拥有敢作敢当、勇于作为的精神。

三
日

农历乙巳年 农历九月十四

2025 年 11 月 3 日　星期一

欲粟者务时，欲治者因势。

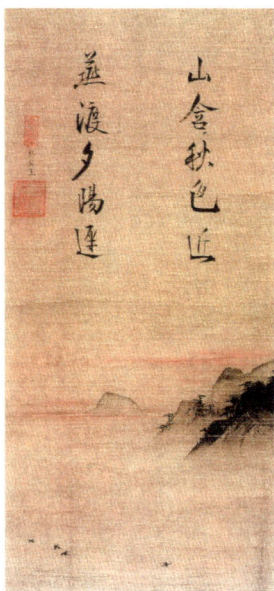

山舍秋色匝

燕渡夕阳迟

【典出】西汉·桓宽《盐铁论·遵道》
【原文】同引用。
【释义】要想得到粮食的人，就一定要遵守农时；想治理好国家的人，必须适应时代大势。

四
日

农历乙巳年 农历九月十五

2025 年 11 月 4 日　星期二

欲筑室者，先治其基。

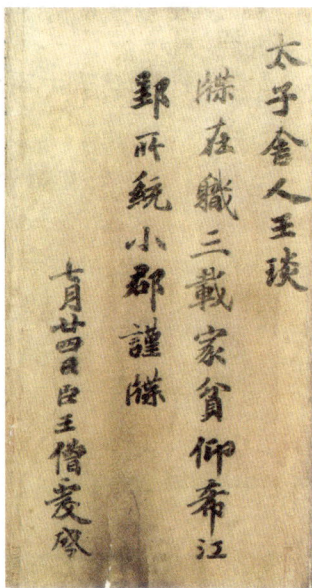

太子舍人王琰

琰在職三載家貧仰希江

鄞所統小郡謹琰

　月廿四日臣王僧虔啓

【典出】北宋·苏辙《新论》

【原文】欲筑室者，先治其基，基完以平，而后加石木焉，故其为室也坚。

【释义】想要建造房屋，应当先打好地基。

五日

农历乙巳年 农历九月十六

2025 年 11 月 5 日　星期三

与君远相知，不道云海深。

【典出】唐·王昌龄《寄欢州》

【原文】同引用。

【释义】和你相距遥远却知道彼此的心意，就不再感到我们之间还隔着深深的云海。

六

日

农历乙巳年 农历九月十七

2025 年 11 月 6 日　星期四

忧劳可以兴国，逸豫可以亡身。

【典出】北宋·欧阳修《新五代史·伶官传序》

【原文】忧劳可以兴国，逸豫可以亡身，自然之理也。

【释义】常怀忧患不辞劳苦，可以使国家兴旺发达；只知享乐放纵，会导致身亡国灭。

立冬

农历乙巳年 农历九月十八

2025 年 11 月 7 日　星期五

尧有欲谏之鼓，舜有诽谤之木。

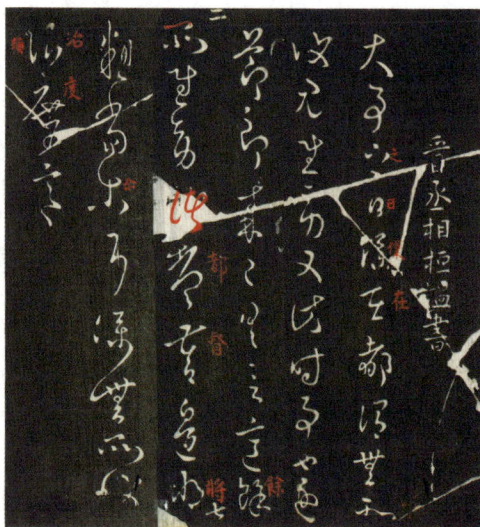

【典出】先秦·吕不韦《吕氏春秋·自知》

【原文】尧有欲谏之鼓，舜有诽谤之木，汤有司过之士，武王有戒慎之鞀。

【释义】尧、舜分别设立谏鼓、谤木，作为百姓进谏的工具。

八日

农历乙巳年 农历九月十九

2025 年 11 月 8 日　星期六

疑今者，查之古；不知来者，视之往。

【典出】先秦《管子·形势》
【原文】同引用。
【释义】对现实感到疑惑，可以查看历史；对未来感到迷茫，可以回顾往事。

九
日

农历乙巳年 农历九月二十

2025 年 11 月 9 日　星期日

玉虽有美质，在于石间，不值良工琢磨，与瓦砾不别。

【典出】唐·吴兢《贞观政要》

【原文】玉虽有美质，在于石间，不值良工琢磨，与瓦砾不别。若遇良工，即为万代之宝。

【释义】玉虽有美好的品质，却隐藏在石头中，如果没有工匠雕琢，与破碎的瓦砾也就毫无区别。

十日

农历乙巳年 农历九月廿一

2025 年 11 月 10 日　星期一

忧国忘家，捐躯济难，忠臣之志也。

【典出】三国·曹植《求自试表》

【原文】固夫忧国忘家，捐躯济难，忠臣之志也。今臣居外，非不厚也，而寝不安席，食不遑味者，伏以二方未克为念。

【释义】忧心国事而忘记小家，牺牲生命去拯救国难，这是忠臣的志向。

十一

农历乙巳年 农历九月廿二

2025 年 11 月 11 日　星期二

愿为飞絮衣天下，不道边风朔雪寒。

【典出】清·陈恭尹《木棉花歌》

【原文】岁岁年年五岭间，北人无路望朱颜。愿为飞絮衣天下，不道边风朔雪寒。

【释义】我愿意化作漫天飞舞的木棉花，给天下的人们当衣裳，使他们不再经受北风朔雪的酷寒。

十二

农历乙巳年 农历九月廿三

2025 年 11 月 12 日　星期三

志合者，不以山海为远。

【典出】东晋·葛洪《抱朴子·外篇·博喻》
【原文】志合者，不以山海为远；道乖者，不以咫尺为近。
【释义】志同道合的人，即使山海阻隔也不觉得遥远；志向不同的人，即使咫尺之间也不觉得很近。

十三

农历乙巳年 农历九月廿四

2025 年 11 月 13 日　星期四

政者，正也。其身正，不令而行；其身不正，虽令不从。

【典出】先秦《论语·子路》

【原文】同引用。

【释义】当政者本身言行端正，不用发号施令，大家自然起身效法，政令将会畅行无阻；如果当政者本身言行不正，虽下命令，大家也不会服从遵守。

十四

农历乙巳年 农历九月廿五

2025 年 11 月 14 日　星期五

知屋漏者在宇下，知政失者在草野。

【典出】东汉·王充《论衡》
【原文】同引用。
【释义】房屋是否漏雨，住在屋宇下的人最清楚；政策是否有过失，老百姓最有发言权。

十五

农历乙巳年 农历九月廿六

2025 年 11 月 15 日　星期六

大凡治事，必需通观全局，不可执一而论。

【典出】清·钱泳《履园丛话·水学·三江》

【原文】大凡治事，必需通观全局，不可执一而论。昔人有专浚吴淞而舍刘河、白茅者，亦有专治刘河而舍吴淞、白茅者，是未察三吴水势也。

【释义】大抵做事情，必须从大局着眼，通盘筹划，不能只抓住一点或一个方面而不知变通。

十六

农历乙巳年 农历九月廿七

2025 年 11 月 16 日

知者行之始，行者知之成。

【典出】明·王阳明《传习录》
【原文】同引用。
【释义】求知是行动的开始，行动是求知的完成。

十七

农历乙巳年 农历九月廿八

2025 年 11 月 17 日　星期一

志不强者智不达，言不信者行不果。

【典出】先秦《墨子·修身》

【原文】志不强者智不达，言不信者行不果。据财不能以分人者，不足与友；守道不笃，遍物不博，辩是非不察者，不足与游。

【释义】意志不坚强的人智慧一定不高；言语不诚实的人，做事也不会有结果。

十八

农历乙巳年 农历九月廿九

2025 年 11 月 18 日　星期二

知之为知之，不知为不知，是知也。

【典出】先秦《论语·为政》
【原文】同引用。
【释义】知道自己知道什么、不知道什么，这才算是真正的
智慧。

十九

农历乙巳年 农历九月三十

2025 年 11 月 19 日　星期三

知不足者好学，耻下问者自满。

【典出】北宋·林逋《省心录》

【原文】知不足者好学，耻下问者自满。一为君子，一为小人，自取如何耳。

【释义】知道自己的不足并努力学习就是聪明人，不好问又骄傲自满则是可耻的人。

廿

日

农历乙巳年 农历十月初一

2025 年 11 月 20 日　星期四

知止而后有定，定而后能静。

【典出】先秦《礼记·大学》

【原文】知止而后有定，定而后能静，静而后能安，安而后能虑，虑而后能得。

【释义】知道应达到的境界才能够志向坚定，志向坚定才能够镇静不躁。

廿一

农历乙巳年 农历十月初二

2025 年 11 月 21 日　星期五

治本在得人，得人在审举，审举在核真。

【典出】北宋·司马光《资治通鉴》

【原文】同引用。

【释义】治国的根本在于得到人才，得到人才的关键在于审慎举荐，审慎举荐的要害在于考察核实情况。

小雪

农历乙巳年 农历十月初三

2025 年 11 月 22 日　星期六

治理之道，莫要于安民。安民之道，在于察其疾苦。

【典出】明·张居正《答福建巡抚耿楚侗》

【原文】同引用。

【释义】治理国家关键要让百姓安乐，使百姓安乐的方法在于了解他们的疾苦。

廿三

农历乙巳年 农历十月初四

2025 年 11 月 23 日　星期日

志不求易者成，事不避难者进。

【典出】南朝·范晔等《后汉书·虞诩传》

【原文】同引用。

【释义】立志不求容易的人必能成功，做事不避艰难的人能够进步。

廿四

农历乙巳年 农历十月初五

2025 年 11 月 24 日　星期一

治国之道，劝之使谏，宣之使言，然后君明察而治请通矣。

【典出】东汉·王符《潜夫论·明暗》

【原文】同引用。

【释义】治理国家的方法，在于鼓励人们进献好的意见，在于宣泄人们的郁积情绪使他们敢于发表言论，治理国家的人再加以仔细观察，有关情况就可以上通下达了。

廿五

农历乙巳年 农历十月初六

2025 年 11 月 25 日　星期二

种树者必培其根，种德者必养其心。

【典出】明·王阳明《传习录》
【原文】同引用。
【释义】种植树木一定要培育好它的根系，修养品德必须培养好自己的心性。

廿六

农历乙巳年 农历十月初七

2025 年 11 月 26 日　星期三

志高则言洁，志大则辞弘，志远则旨永。

【典出】清·叶燮《原诗·外篇上》
【原文】同引用。
【释义】志趣高雅的人，其作品的语言就会纯净；志气宏大的人，其作品的文辞就会雄健；志向远大的人，其作品的思想就会深邃。

廿七

农历乙巳年 农历十月初八

2025 年 11 月 27 日　星期四

政者，正也。子帅以正，孰敢不正？

【典出】先秦《论语·颜渊》
【原文】季康子问政于孔子。孔子对曰："政者，正也。子帅以正，孰敢不正？"
【释义】领导者自身行为正直，民众自然效仿，国家政治自然公正清明。

廿八

农历乙巳年 农历十月初九

2025 年 11 月 28 日　星期五

知己知彼，百战不殆。

【典出】先秦·孙武《孙子兵法·谋攻篇》

【原文】知己知彼，百战不殆；不知彼而知己，一胜一负；不知彼不知己，每战必殆。

【释义】充分了解自己和对手的情况，才能在各种较量中立于不败之地。

廿九

农历乙巳年 农历十月初十

2025 年 11 月 29 日　星期六

知之者不如好之者，好之者不如乐之者。

【典出】先秦《论语·雍也》

【原文】子曰："知之者不如好之者，好之者不如乐之者。"

【释义】懂得它的人不如喜爱它的人，喜爱它的人不如以它
为乐的人。

卅
日

农历乙巳年 农历十月十一

2025 年 11 月 30 日　星期日

十二月

2025年·农历乙巳年

天时人事日相催，
冬至阳生春又来。
刺绣五纹添弱线，
吹葭六琯动浮灰。
岸容待腊将舒柳，
山意冲寒欲放梅。
云物不殊乡国异，
教儿且覆掌中杯。

——《小至》【唐】杜甫

志于道，据于德，依于仁，游于艺。

【典出】先秦《论语·述而》
【原文】同引用。
【释义】立志追求正道，就要依据德行，依靠仁爱，游刃于
各种技艺之中。

一日

农历乙巳年 农历十月十二

2025 年 12 月 1 日　星期一

知我者，谓我心忧；不知我者，谓我何求。

【典出】先秦《诗经·黍离》

【原文】知我者，谓我心忧；不知我者，谓我何求。悠悠苍天，此何人哉？

【释义】了解我的人知道我的忧愁，不了解我的人问我有何所求。

二日

农历乙巳年 农历十月十三

2025 年 12 月 2 日　星期二

正其谊不谋其利，明其道不计其功。

【典出】汉·班固《汉书·董仲舒传》

【原文】夫仁人者，正其谊不谋其利，明其道不计其功。

【释义】做事应当注重正义与正道，而非仅仅追求私利和眼前功绩。

三日

农历乙巳年 农历十月十四

2025 年 12 月 3 日　星期三

知足不辱，知止不殆，可以长久。

【典出】先秦·老子《道德经·第四十四章》

【原文】同引用。

【释义】知道满足就不会受到羞辱，知道适可而止就不会遇到危险，这样就可以保持长久的平安。

四
日

农历乙巳年 农历十月十五

2025 年 12 月 4 日　星期四

至人无己，神人无功，圣人无名。

【典出】先秦《庄子·逍遥游》

【原文】故曰：至人无己，神人无功，圣人无名。

【释义】达到最高境界的人没有自我，超越世俗的人不求功名，圣明的人不求名望。

五
日

农历乙巳年 农历十月十六

2025 年 12 月 5 日　星期五

褚小者不可以怀大，绠短者不可以汲深。

【典出】先秦《庄子·至乐》
【原文】同引用。

【释义】口袋小了装不下大的东西，井绳短了打不到深处的水。比喻能力薄弱，难以胜任重大任务。

六日

农历乙巳年 农历十月十七

2025 年 12 月 6 日　星期六

智者千虑，必有一失；
愚者千虑，必有一得。

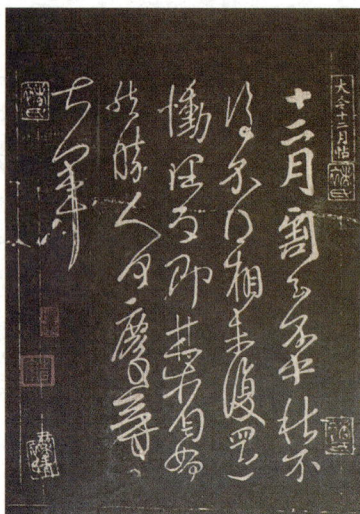

【典出】西汉·司马迁《史记·淮阴侯列传》

【原文】广武君曰："臣闻智者千虑，必有一失；愚者千虑，必有一得。"

【释义】再聪明的人也有考虑不周的时候，而看似愚笨的人偶尔也能有正确的见解。

大雪

农历乙巳年 农历十月十八

2025 年 12 月 7 日　星期日

治天下不可无法度。仁政者，治天下之法度也。

【典出】南宋·朱熹《四书集注·孟子·离娄上集注》
【原文】同引用。
【释义】治理天下需要有法度，而施行仁政就是治理天下的法度。

八日

农历乙巳年 农历十月十九

2025 年 12 月 8 日　星期一

治天下者，以天下之禄位公天下之贤者。

【典出】明·王夫之《读通鉴论·景帝》
【原文】同引用。
【释义】治理天下的人，应把天下的禄位给予天下的贤者。
这里强调选贤任能的重要性。

九

日

农历乙巳年 农历十月二十

2025 年 12 月 9 日　星期二

战战兢兢，如临深渊，如履薄冰。

【典出】先秦《诗经·小雅·小旻》

【原文】同引用。

【释义】君子修身讲究谨慎，犹如脚踩在薄薄的冰面上，或站在悬崖边上一样，时时谨慎，唯恐失坠。

十日

农历乙巳年 农历十月廿一

2025 年 12 月 10 日　星期三

治其本，朝令而夕从；
救其末，百世不改也。

【典出】北宋·苏轼《关陇游民私铸钱与江淮漕卒为盗之由》
【原文】同引用。
【释义】从根本着手进行治理，政令将会迅速得到执行；若只从细枝末节进行治理，即使经过很多年也难以有所改变。

十一

农历乙巳年 农历十月廿二

2025 年 12 月 11 日　星期四

忠信谨慎，此德义之基也。
虚无谲诡，此乱道之根也。

【典出】东汉·王符《潜夫论·务本》

【原文】同引用。

【释义】忠诚守信、谨言慎行，这是道德信义的基础；弄虚作假、荒诞怪异，这是导致混乱的根源。

十二

农历乙巳年 农历十月廿三

2025 年 12 月 12 日　星期五

知其事而不度其时则败。

【典出】唐·陆贽《论缘边守备事宜状》

【原文】知其事而不度其时则败，附其时而不失其称则成，
形变不同，胡可专一。

【释义】仅仅知道事情本身却不懂得审时度势就会失败，顺
应时势并采取与之相应的行动才能取得成功。形势千变万
化，对策也就不可能一成不变。

十二月

十三

农历乙巳年 农历十月廿四

2025 年 12 月 13 日　星期六

智者顺时而谋，愚者逆时而动。

【典出】东汉·朱浮《为幽州牧与彭宠书》
【原文】盖闻智者顺时而谋，愚者逆理而动。
【释义】聪明的人顺应时势来谋事，愚蠢的人违背时势行事。

十四

农历乙巳年 农历十月廿五

2025 年 12 月 14 日　星期日

志既立，则学问可次第着力。立志不定，终不济事。

【典出】南宋·朱熹《朱子语类》

【原文】为学须先立志。志既立，则学问可次第着力。立志不定，终不济事。

【释义】读书成才，必须先立下志向。只有志向立下了，才能使学问逐渐巩固加深。如果立志不坚定，最终难以取得成功。

十五

农历乙巳年 农历十月廿六

2025 年 12 月 15 日　星期一

知之愈明，则行之愈笃；
行之愈笃，则知之益明。

【典出】南宋·朱熹《朱子语类》

【原文】同引用。

【释义】知道得越明晰，行动就越坚定；越是笃行不怠，头脑也会越加清晰。

十六

农历乙巳年 农历十月廿七

2025 年 12 月 16 日　星期二

治世不一道，便国不法古。

【典出】西汉·司马迁《史记·商君列传》

【原文】治世不一道，便国不法古。故汤武不循古而王，夏殷不易礼而亡。

【释义】治国并不是只有一条道路，只要有利于国家，就不一定非要拘泥于古法旧制。

十七

农历乙巳年 农历十月廿八

2025 年 12 月 17 日　星期三

自古至于今，与民为仇者，有迟有速，民必胜之。

【典出】西汉·贾谊《新书·大政上》

【原文】同引用。

【释义】自古至今，凡是与人民为敌的，人民必然会战胜他，只是时间有长有短而已。

十八

农历乙巳年 农历十月廿九

2025 年 12 月 18 日　星期四

自知者英，自胜者雄。

【典出】隋·王通《中说·周公篇》
【原文】李密问英雄。子曰："自知者英，自胜者雄。"问勇。
子曰："必也义乎?"
【释义】能正确估价自己的人是俊伟之人，能战胜自己的私
心杂念的人是杰出之人。说明人贵在能够自知自胜。

十九

农历乙巳年 农历十月三十

2025 年 12 月 19 日　星期五

治国有常，而利民为本。

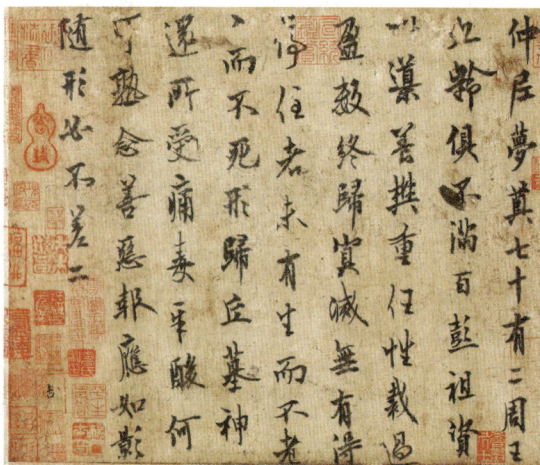

【典出】先秦《文子·上义》

【原文】治国有常，而利民为本；政教有经，而令行为上。

【释义】治理国家的原则，最根本的就是要利民。

廿

日

农历乙巳年 农历十一月初一

2025 年 12 月 20 日　星期六

正身直行，众邪自息。

【典出】西汉·刘安《淮南子·缪称训》

【原文】圣人不求誉，不辟诽，正身直行，众邪自息。

【释义】为人纯正，行动坦直，所有的邪恶的行为就自然会
止息。

冬至

农历 乙巳年 农历十一月初二

2025 年 12 月 21 日   星期日

自知者明，信为难矣。

【典出】唐·吴兢《贞观政要》

【原文】自知者明，信为难矣。如属文之士，伎巧之徒，皆自谓己长，他人不及。若名工文匠，商略诋诃，芜词拙迹，于是乃见。

【释义】能够了解自己的人是明智的，但事实上很难做到这样。

廿二

农历乙巳年 农历十一月初三

2025 年 12 月 22 日　星期一

知人既以为难，自知诚亦不易。

【典出】唐·吴兢《贞观政要》

【原文】知人者智，自知者明。知人既以为难，自知诚亦不易。且愚暗之人，皆矜能伐善，恐长浇竞之风，不可令其自举。

【释义】了解他人是困难的事情，而了解自己也确实不易。

廿三

农历乙巳年 农历十一月初四

2025 年 12 月 23 日　星期二

知者不惑，仁者不忧，勇者不惧。

【典出】先秦《论语·子罕》

【原文】同引用。

【释义】有智慧的人不会迷惑，有仁德的人不会忧愁，勇敢的人不会畏惧。

廿四

农历乙巳年 农历十一月初五

2025 年 12 月 24 日　星期三

政如农功，日夜思之。

【典出】先秦《左传·襄公二十五年》
【原文】子产曰："政如农功，日夜思之，思其始而成其终。
朝夕而行之，行无越思，如农之有畔。其过鲜矣。"
【释义】从政要像农民种地一样上心，日夜操心。

廿五

农历乙巳年 农历十一月初六

圣诞节

2025 年 12 月 25 日　星期四

竹死不变节，花落有余香。

【典出】唐·邵谒《金谷园怀古》

【原文】竹死不变节，花落有余香。美人抱义死，千载名犹彰。

【释义】即使竹子死亡，它的骨节也不会改变；即使花儿凋落，也还能继续飘香。

廿六

农历乙巳年 农历十一月初七

2025 年 12 月 26 日　星期五

致广大而尽精微。

【典出】先秦《中庸》
【原文】君子尊德性而道问学，致广大而尽精微，极高明而道中庸，温故而知新，敦厚以崇礼。

【释义】君子既尊崇先天的德行本性，又履行后天的求教学养；既达到广博的境界，又穷尽精妙细微之处；既达到高明的佳境，又奉行中庸之道；既温习已有的知识，又推知获取新的见解；既敦厚笃行，又崇尚礼仪。

廿七

农历乙巳年 农历十一月初八

2025 年 12 月 27 日　星期六

孜孜矻矻，死而后已。

【典出】唐·韩愈《争臣论》

【原文】自古圣人贤士，皆非有求于闻用也，闵其时之不平，人之不义，得其道，不敢独善其身，而必以兼济天下也，孜孜矻矻，死而后已。

【释义】自古以来的圣人贤士，都不是由于追求名望而被任用的，他们怜悯自己所处的时代动荡，民生不安定，有了道德和学问之后，不敢独善其身，一定要经世致用，普济天下。勤恳努力，终身不懈，到死才罢休。

廿八

农历乙巳年 农历十一月初九

2025 年 12 月 28 日　星期日

政之所兴，在顺民心。
政之所废，在逆民心。

【典出】先秦《管子·牧民》
【原文】同引用。
【释义】政事之所以兴盛，在于顺应民心；政事之所以废弛，在于违背民心。

廿九

农历乙巳年 农历十一月初十

2025 年 12 月 29 日　星期一

在上不骄，在下不谄。

【典出】北宋·王安石《上龚舍人书》

【原文】在上不骄，在下不谄，此进退之中道也。

【释义】居于高位不骄傲专横，身居低位不阿谀奉承。

廿

日

农历乙巳年 农历十一月十一

2025 年 12 月 30 日　星期二

志之所趋，无远弗届，
穷山距海，不能限也。

【典出】清·金缨《格言联璧·学问》

【原文】同引用。

【释义】志向所趋，没有不能达到的地方，即使是山海尽头，也不能限制。意志所向，没有不能攻破的壁垒，即使是精兵坚甲，也不能抵抗。

廿一

农历乙巳年 农历十一月十二

2025 年 12 月 31 日　星期三

January 一月

S	M	T	W	T	F	S
			1 元旦	2 初三	3 初四	4 初五
5 小寒	6 初七	7 腊八	8 初九	9 初十	10 十一	11 十二
12 十三	13 十四	14 十五	15 十六	16 十七	17 十八	18 十九
19 二十	20 大寒	21 廿二	22 廿三	23 廿四	24 廿五	25 廿六
26 廿七	27 廿八	28 除夕	29 春节	30 初二	31 初三	

February 二月

S	M	T	W	T	F	S
						1 初四
2 初五	3 立春	4 初七	5 初八	6 初九	7 初十	8 十一
9 十二	10 十三	11 十四	12 元宵	13 十六	14 情人节	15 十八
16 十九	17 二十	18 雨水	19 廿二	20 廿三	21 廿四	22 廿五
23 廿六	24 廿七	25 廿八	26 廿九	27 三十	28 二月	

March 三月

S	M	T	W	T	F	S
30 初二	**31** 初三					**1** 初二
2 初三	**3** 初四	**4** 初五	**5** 惊蛰	**6** 初七	**7** 初八	**8** 妇女节
9 初十	**10** 十一	**11** 十二	**12** 植树节	**13** 十四	**14** 十五	**15** 十六
16 十七	**17** 十八	**18** 十九	**19** 二十	**20** 春分	**21** 廿二	**22** 廿三
23 廿四	**24** 廿五	**25** 廿六	**26** 廿七	**27** 廿八	**28** 廿九	**29** 三月

April 四月

S	M	T	W	T	F	S
		1 初四	**2** 初五	**3** 初六	**4** 清明	**5** 初八
6 初九	**7** 初十	**8** 十一	**9** 十二	**10** 十三	**11** 十四	**12** 十五
13 十六	**14** 十七	**15** 十八	**16** 十九	**17** 二十	**18** 廿一	**19** 廿二
20 谷雨	**21** 廿四	**22** 廿五	**23** 廿六	**24** 廿七	**25** 廿八	**26** 廿九
27 三十	**28** 四月	**29** 初二	**30** 初三			

May 五月

S	M	T	W	T	F	S
				1 劳动节	**2** 初五	**3** 初六
4 青年节	**5** 立夏	**6** 初九	**7** 初十	**8** 十一	**9** 十二	**10** 十三
11 母亲节	**12** 十五	**13** 十六	**14** 十七	**15** 十八	**16** 十九	**17** 二十
18 廿一	**19** 廿二	**20** 廿三	**21** 小满	**22** 廿五	**23** 廿六	**24** 廿七
25 廿八	**26** 廿九	**27** 五月	**28** 初二	**29** 初三	**30** 初四	**31** 端午节

June 六月

S	M	T	W	T	F	S
1 儿童节	**2** 初七	**3** 初八	**4** 初九	**5** 芒种	**6** 十一	**7** 十二
8 十三	**9** 十四	**10** 十五	**11** 十六	**12** 十七	**13** 十八	**14** 十九
15 父亲节	**16** 廿一	**17** 廿二	**18** 廿三	**19** 廿四	**20** 廿五	**21** 夏至
22 廿七	**23** 廿八	**24** 廿九	**25** 六月	**26** 初二	**27** 初三	**28** 初四
29 初五	**30** 初六					

July 七月

S	M	T	W	T	F	S
		1 建党节	**2** 初八	**3** 初九	**4** 初十	**5** 十一
6 十二	**7** 小暑	**8** 十四	**9** 十五	**10** 十六	**11** 十七	**12** 十八
13 十九	**14** 二十	**15** 廿一	**16** 廿二	**17** 廿三	**18** 廿四	**19** 廿五
20 廿六	**21** 廿七	**22** 大暑	**23** 廿九	**24** 三十	**25** 闰六月	**26** 初二
27 初三	**28** 初四	**29** 初五	**30** 初六	**31** 初七		

August 八月

S	M	T	W	T	F	S
31 初九					**1** 建军节	**2** 初九
3 初十	**4** 十一	**5** 十二	**6** 十三	**7** 立秋	**8** 十五	**9** 十六
10 十七	**11** 十八	**12** 十九	**13** 二十	**14** 廿一	**15** 廿二	**16** 廿三
17 廿四	**18** 廿五	**19** 廿六	**20** 廿七	**21** 廿八	**22** 廿九	**23** 处暑
24 初二	**25** 初三	**26** 初四	**27** 初五	**28** 初六	**29** 七夕	**30** 初八

September 九月

S	M	T	W	T	F	S
	1 初十	**2** 十一	**3** 十二	**4** 十三	**5** 十四	**6** 十五
7 白露	**8** 十七	**9** 十八	**10** 教师节	**11** 二十	**12** 廿一	**13** 廿二
14 廿三	**15** 廿四	**16** 廿五	**17** 廿六	**18** 廿七	**19** 廿八	**20** 廿九
21 三十	**22** 八月	**23** 秋分	**24** 初三	**25** 初四	**26** 初五	**27** 初六
28 初七	**29** 初八	**30** 初九				

October 十月

S	M	T	W	T	F	S
			1 国庆节	**2** 十一	**3** 十二	**4** 十三
5 十四	**6** 中秋	**7** 十六	**8** 寒露	**9** 十八	**10** 十九	**11** 二十
12 廿一	**13** 廿二	**14** 廿三	**15** 廿四	**16** 廿五	**17** 廿六	**18** 廿七
19 廿八	**20** 廿九	**21** 九月	**22** 初二	**23** 霜降	**24** 初四	**25** 初五
26 初六	**27** 初七	**28** 初八	**29** 重阳节	**30** 初十	**31** 十一	

November 十一月

S	M	T	W	T	F	S
30 十一						**1** 十二
2 十三	**3** 十四	**4** 十五	**5** 十六	**6** 十七	**7** 立冬	**8** 十九
9 二十	**10** 廿一	**11** 廿二	**12** 廿三	**13** 廿四	**14** 廿五	**15** 廿六
16 廿七	**17** 廿八	**18** 廿九	**19** 三十	**20** 十月	**21** 初二	**22** 小雪
23 初四	**24** 初五	**25** 初六	**26** 初七	**27** 初八	**28** 初九	**29** 初十

December 十二月

S	M	T	W	T	F	S
	1 十二	**2** 十三	**3** 十四	**4** 十五	**5** 十六	**6** 十七
7 大雪	**8** 十九	**9** 二十	**10** 廿一	**11** 廿二	**12** 廿三	**13** 廿四
14 廿五	**15** 廿六	**16** 廿七	**17** 廿八	**18** 廿九	**19** 三十	**20** 十一月
21 冬至	**22** 初三	**23** 初四	**24** 初五	**25** 圣诞节	**26** 初七	**27** 初八
28 初九	**29** 初十	**30** 十一	**31** 十二			

责任编辑：洪　琼
装帧设计：林芝玉

图书在版编目（CIP）数据

平天下·2025／人民日报海外版"学习小组"编著．

北京：人民出版社，2024.10. -- ISBN 978-7-01-026862-0

I. D092.2

中国国家版本馆 CIP 数据核字第 20244SQ013 号

平 天 下

PINGTIANXIA

（2025）

人民日报海外版"学习小组"编著

人民出版社 出版发行

（100706　北京市东城区隆福寺街 99 号）

北京华联印刷有限公司印刷　新华书店经销

2024 年 10 月第 1 版　2024 年 10 月北京第 1 次印刷

开本：680 毫米 ×960 毫米 1/24　印张：32

字数：300 千字

ISBN 978-7-01-026862-0　定价：89.00 元

邮购地址 100706　北京市东城区隆福寺街 99 号

人民东方图书销售中心　电话（010）65250042　65289539